MOI ET MA
MAISON

MALORY LAURENT

DÉDICACE

À ma valeureuse épouse Mikerline,
merci pour votre soutien indéfectible depuis plus de deux décennies.
À mes fils Mike, Caleb, Daniel et ma fille Hadassah
d'avoir fait de moi le père que je suis devenu.

Contenu

PRÉFACE

La stratégie du diable, mise en évidence dans le jardin d'Éden afin de contrecarrer le plan de Dieu pour la famille, fait encore rage dans le monde. De ce fait, plus d'un peuvent reconnaître que l'orthodoxie chrétienne est de plus en plus menacée. Face à cette épée de Damoclès qui pèse sur la tête des familles, le chrétien est, plus que jamais, tenu d'observer les valeurs de la Bible, qui n'est autre que la Parole infaillible de Dieu.

Je tiens à exprimer ma sincère reconnaissance envers l'auteur pour avoir fait choix de moi pour préfacer cet excellent livre intitulé «Moi et ma Maison». Malory Laurent, mon ami, un pasteur de conviction, un défenseur de la famille, est l'un des rares serviteurs de Dieu qui prêchent l'évangile du Salut en Jésus-Christ au 21ᵉ siècle. Cet ouvrage met en évidence les valeurs bibliques sur la famille, telles qu'elles ont été inspirées par le Saint-Esprit aux auteurs dans le but d'avoir une famille épanouie.

Ce livre aborde la notion de famille sur trois (3) aspects. D'abord et avant tout, il se démarque par son approche globale des relations familiales en invitant les chrétiens à s'abstenir de tout autre modèle de famille qui n'obéit pas aux valeurs que l'on retrouve dans les Saintes Écritures. Ensuite, le livre prodigue de tendres conseils à chacun des membres du foyer pour bien remplir leurs rôles afin de préserver l'harmonie qui doit régner dans toutes les familles qui aspirent à vivre selon la volonté de Dieu.

«Moi et ma Maison» ne s'adresse pas uniquement aux personnes qui sont déjà mariées, mais il propose également une orientation précise pour ceux et celles qui se préparent à la rencontre du ou de la partenaire de vie. Enfin, il dénonce les manœuvres du diable et de ses acolytes, tout en offrant des armes spirituelles pour y faire face.

Tandis que vous feuilletez ces pages, je vous invite à ouvrir votre cœur aux enseignements du Pasteur Malory Laurent et à vous engager fermement en prenant position pour des familles calquées sur des valeurs bibliques. Vous y trouverez des conseils pour juguler les conflits familiaux, des suggestions sur l'importance d'une franche communication dans un couple, ainsi que d'autres éléments indispensables pour construire un foyer qui honore Dieu en refusant d'adopter les pratiques de ce monde. Que «Moi et ma Maison» vous apporte des bénédictions.

Dr. Jose Saint Hilaire :

- Fondateur et Pasteur Principal de l'église de la Grande Commission, Fort Lauderdale, Floride)

- Professeur associé de Théologie Pratique et Directeur du Département Français (Baptist University of Florida)

- Fondateur et Président (Return to the Word Global Institute, Floride)

INTRODUCTION

« Crois au Seigneur Jésus, et tu seras sauvé, toi et ta famille » (Actes 16 : 31). Cette écriture nous montre clairement la place prépondérante qu'occupe la famille dans le royaume de Dieu et son lien très étroit avec le salut. Bien que celui-ci soit personnel, la route qui y mène est néanmoins collective. Autrement dit, la façon dont nous nous comportons dans notre famille en dit beaucoup sur notre relation avec Dieu.

La famille est le premier espace de socialisation de l'homme. C'est l'épine dorsale de toute société. Il suffit de jeter un coup d'œil sur la situation d'Haïti durant cette dernière décennie pour constater que le non-respect des valeurs familiales nous a indubitablement conduits vers une crise sociétale et multidimensionnelle. En d'autres termes, l'humain est très souvent un copier-coller de ce qu'il a appris dans la famille.

En effet, la famille, en tant que groupe social primaire, se doit d'agir comme gardien des valeurs, des actions et des comportements de l'individu. De plus, elle doit être une source de changement agissant comme un creuset d'invention qui échappe à la reproduction des formes dominantes malgré le fait que la vie au 21ᵉ siècle n'est plus ce qu'elle était en raison des avancées technologiques, des changements culturels et de l'omniprésence de l'internet.

Bien sûr, la question de famille était toujours sensible et suscitait beaucoup de débats. Cependant, les années 1990 marquent un tournant majeur dans l'imaginaire collectif lié à la famille. Le mariage, qui était, dans la grande majorité des cas, la structure familiale dominante et qui assurait les conditions juridiques de filiation, devient, petit à petit, au cours des décennies, une modalité parmi d'autres pour sceller une union. La variabilité des formes prises par le groupe familial et par la parenté montre très clairement les stratagèmes utilisés par Satan pour détruire la famille.

Nous vivons dans un monde où les parents ne peuvent, en aucune manière, compter sur les autres institutions notamment l'école dans l'éducation morale des enfants. En effet, l'école du 21ᵉ siècle promeut des valeurs diamétralement opposées aux valeurs chrétiennes. Très souvent, ce qui entoure nos enfants a tendance à prendre beaucoup plus de place dans leur vie que les valeurs familiales.

Tandis que l'homosexualité constitue une abomination selon les Saintes Écritures, la société d'aujourd'hui y voit une vertu au point où les homosexuels font pression sur bon nombre d'États afin que ces derniers puissent intégrer des notions sordides dans leur programme scolaire comme la complaisance vis-à-vis de l'homosexualité.

L'un de mes fils faisait l'objet de moquerie d'un petit garçon qui voulait tout le temps lui faire des caresses en plein cours. Je me suis fait l'obligation d'aller rencontrer les autorités de l'école pour leur exposer la situation afin d'y remédier. Et suite à mon intervention, le problème a été résolu. Les parents ne doivent pas rester passifs face à ces types de comportements qui peuvent paraitre anodins pour certains mais qui pourraient évoluer en une forme de menace à l'avenir.

Les données démontrent une augmentation globale de la monoparentalité à l'échelle mondiale. De telles familles sont dans cette situation suite à divers évènements tels qu'un décès, un divorce, ou l'abandon d'un parent. Cette dernière situation étant particulièrement répandue, charrie des conséquences tragiques. Dans cet ordre d'idées, un enfant qui a grandi dans une famille monoparentale est beaucoup plus sujet à l'adoption de comportements inhabituels.

Il est statistiquement prouvé qu'une famille monoparentale est bancale en raison des défis et risques fragilisant le bien-être de l'enfant comme le manque de modèles et, le risque accru de pauvreté, l'isolement social et le stress aigu etc. Cela ne signifie pas que ces familles n'ont pas de valeurs à inculquer mais le travail est beaucoup plus redoutable en raison de ce manque, car la famille influence de façon significative le futur d'un enfant.

Si les membres d'une même famille parviennent à vivre ensemble dans la paix et le bonheur, ils n'auront probablement pas grande difficulté à s'entendre avec les autres. Car la Bible nous dit en Marc 3 : 24, 25 : « Si un royaume est divisé contre lui-même, ce royaume ne peut subsister; et si une maison est divisée contre elle-même, cette maison ne peut subsister ».

En règle générale, les communautés respectées sont constituées de familles honorables et intègres. Il est impératif pour les familles chrétiennes de constituer des communautés solides, qui à leur tour, contribueront à l'émergence de nations stables, avec pour objectif ultime de nous guider vers un monde plus heureux.

Il est vrai que chaque individu naît dans une famille. Cependant, tout le monde n'a pas la chance d'avoir une famille soudée sur qui compter. Certaines familles sont stimulantes, chaleureuses et unies, tandis que d'autres sont plus froides et ternes. Cela dépend du climat instauré et priorisé dans celles-ci.

A cela s'ajoute la prolifération de familles monoparentales qui est loin d'être un fait banal parce qu'elle touche la société dans toutes ses composantes. Elles génèrent des situations de précarité, particulièrement en raison de ressources financières moindres. D'ailleurs, la Bible nous dit que « deux valent mieux qu'un, parce qu'ils retirent un bon salaire de leur travail » (Ecclésiaste 4 : 9).

En outre, les déchirements familiaux sont source de tristesse, de pleurs, de haine, d'esprit de vengeance et d'autres desseins malveillants. Les femmes sont les premières victimes de ce fléau mondial. Plus de la moitié des mères élèvent seules leurs progénitures. Certaines ont officiellement un mari alors qu'elles se sentent seules. D'autres sont financièrement et émotionnellement ruinées à la suite d'un divorce. Elles en souffrent énormément.

Ce nombre inquiétant de « maman solo » risque de s'accroître de manière exponentielle avec l'émergence du mouvement féministe. Patronnée par Satan le diable, cette doctrine remet en question les rôles traditionnels attribués aux femmes et aux hommes et n'encourage aucun compromis au sein des familles. Renforçant les clivages sociaux au lieu de promouvoir l'unité, ce secte suscite un dialogue plutôt destructif au sein des familles où les femmes n'entendent faire aucun sacrifice pour sauver leur foyer. La moindre des peccadilles est devenue insupportable. Les militantes féministes n'ont pas trahi leur vocation en optant pour la séparation et le divorce puisqu'elles sont elles-mêmes, en majeur partie, des divorcées, des séparées et parfois même des lesbiennes.

Il est vrai que les familles étaient déjà sous les attaques maléfiques dans le jardin d'Eden mais force est de constater qu'elles deviennent beaucoup plus violentes. Vous n'êtes pas sans savoir que nous vivons dans un monde pécheur, dont Satan est le prince. Par conséquent, les forces contraires à la Parole de Dieu tendant à détruire la vie de famille et occasionnant beaucoup de mal sont très prégnantes, elles font pencher la balance.

Dorénavant, il n'est plus question de placer la famille, nonobstant son rôle de catalyseur, au centre des décisions. Cette façon de faire n'est pas sans incidence en ce sens qu'elle contribue largement à la démission des parents, à l'accélération de la délinquance juvénile. Autrement dit, la relégation au second plan des principes bibliques relatifs à la famille nous a amenés au bord du gouffre où seul un retour vers les valeurs établies par Dieu, le créateur de la famille, peut juguler cette descente vertigineuse.

De ce fait, la tendance mondiale opte en faveur d'une évolution de la famille où elle n'est plus un socle intangible à la base de l'individu, mais un simple passage, sans établissement de réelles valeurs familiales. Les chrétiens doivent, plus que jamais, faire preuve de vigilance en vue de faire échec à ce plan macabre.

De plus, les problèmes de divorce et de remariage sont de plus en plus nombreux dans le monde au point où même l'Église n'y est pas épargnée. Les fondements de la vie chrétienne sont fortement ébranlés.

Définition et origine de la famille

Au regard de la Parole de Dieu, il est impossible de parler de famille sans parler de mariage. En d'autres termes, la vie familiale passe d'abord et avant tout par la vie conjugale parce qu'il s'agit de la manière que Dieu a procédé pour créer la première famille.

Dieu créa d'abord la terre et la prépara pour être habitée par l'homme (Genèse 1 : 1). Et pour couronner son œuvre, il créa Adam, le formant de la poussière de la terre.

Ensuite, il souffla en lui la respiration pour qu'il puisse devenir une âme vivante. Dieu l'a placé dans un endroit paradisiaque, le jardin d'Eden, avec l'obligation de le cultiver et de le garder. Adam domina sur tout ce que Dieu avait créé. Ainsi, il donna les noms aux animaux, exprimant ainsi le pouvoir qui lui avait été conféré par Dieu. Au moment où Adam observa le comportement des animaux, un sentiment de solitude s'empara de lui.

Ce récit me fait penser à une chienne que nous avions à la maison. Mes enfants ont pris la décision de venir avec un mâle qui était quasiment de la même race. Avant, je me suis opposé à cette idée. Peu de temps après, je me suis ravisé parce que tous les autres membres de la famille avaient voté pour que les deux restent avec nous.

La femelle allait être en gestation moins de deux (2) mois après la venue du mâle. Ils se sont reproduits et elle a mis bas à cinq (5) chiots. À la suite de son accouchement, j'ai renvoyé le mâle chez un ami. J'étais sidéré de voir la solitude dans laquelle la femelle était plongée. Ce témoignage est symptomatique d'une réalité : les bêtes, au même titre que les humains, peuvent expérimenter la solitude à la suite d'une séparation.

Cependant, avant qu'Adam constate lui-même ce vide, Dieu avait vu ce besoin. Fort de ce constat, « l'Éternel Dieu dit : il n'est pas bon que l'homme soit seul; je lui ferai une aide semblable à lui » (Genèse 2 : 18). Il faut comprendre que Dieu avait lui-même placé ce sentiment dans le cœur d'Adam et il voulait lui-même y répondre.

Après avoir fait tomber un profond sommeil sur Adam, il lui prit une côte, en forma une femme et l'amena à lui. J'imagine le sentiment de joie qui dut remplir Adam quand il reçut cette femme de la main du Créateur. La Bible dit : « c'est pourquoi l'homme quittera son père et sa mère, et s'attachera à sa femme, et ils deviendront une seule chair » (Genèse 2 : 24). Ainsi est né le premier couple. La première famille mentionnée dans la Bible est celle d'Adam et Eve. Ils eurent des fils et des filles dont trois (3) sont nommés : Caïn, Abel, Seth.

La famille est la première institution au monde. Elle a été créée par Dieu avant que le péché fusse rentré dans le cœur des humains. Cela signifie que la famille fait partie du plan initial de Dieu.

La famille ne se résume pas en un groupe d'individus partageant le même espace physique et psychologique. C'est un système social, naturel avec ses propriétés, son propre ensemble de règles, des rôles prescrits par Dieu pour chacun de ses membres et un système de pouvoir structuré.

En outre, elle représente, pour ses membres, une zone de bienveillance, un premier cercle de sociabilité et de solidarité, de réconfort, restreint mais solide, au sein de laquelle les individus savent qu'ils peuvent compter les uns sur les autres. Elle est composée d'un homme, de son épouse et de leur enfant naturel ou adoptif. Le mari et l'épouse peuvent ne pas avoir d'enfant en raison de leur conception de la vie de famille ou de la volonté de Dieu. Néanmoins, avec ou sans la présence d'enfants, il s'agit bien d'une famille.

Par ailleurs, les relations homosexuelles ne sont pas des familles au regard de la Parole de Dieu. Il est mentionné en Lévitique 18 : 22 : « tu ne coucheras point avec un homme comme on couche avec une femme. C'est une abomination ». L'inverse est tout aussi vrai en ce sens qu'une femme ne doit pas coucher avec une femme. Un homme qui est attiré par les hommes est indubitablement dompté par un démon. Il en est de même pour une femme.

Les personnes qui sont nées « hommes » ou « femmes », mais qui, par l'évolution scientifique, changent de sexe à la suite d'une intervention chirurgicale le sont tout aussi. Si vous êtes né femme ou homme, ce n'est pas par le fruit du hasard. C'est Dieu, dans son omniscience, qui a décidé que votre esprit correspond à un corps de femme ou à un corps d'homme.

Les gouvernements qui autorisent le mariage entre les personnes de même sexe sont en porte-à-faux avec les valeurs que nous enseigne la Bible sur le mariage. En revanche, les personnes qui vivent en concubinage, et qui ont des enfants, peuvent rentrer dans le plan de Dieu par le truchement des liens du mariage.

Pour comprendre le concept de la famille, il faut remonter jusqu'à la création de celle-ci en Genèse. La Bible dit : « Dieu créa l'homme à son image, il le créa à l'image de Dieu, il créa l'homme et la femme » (Genèse 1 : 27). Remarquez que Dieu n'a pas créé deux (2) hommes, ni deux (2) femmes, mais il a créé un homme et une femme. Si Dieu avait créé deux personnes de même sexe, vous et moi n'aurions pas été en vie. Presque toutes les lois de la nature découlent de ce principe originel. C'est le cas de la physique qui précise que deux (2) pôles de même sens se repoussent alors que deux (2) pôles de sens contraires s'attirent.

Le verset vingt-huit (28) du même chapitre précise que « Dieu les bénit, et Dieu leur dit : soyez féconds, multipliez, remplissez la terre, et l'assujettissez; et dominez sur les poissons de la mer, sur les oiseaux du ciel, et sur tout animal qui se meut sur la terre » (Genèse 1 : 28). A la lumière de cette écriture, nous devons comprendre deux (2) choses :

1) Le verbe « bénir » fait référence au mariage d'Adam et Eve. Cela signifie que c'est Dieu lui-même qui les a unis dans les liens du mariage. C'est comme si Dieu les déclarait mari et femme. Ce qui nous amène à conclure que le premier mariage a été célébré dans le jardin d'Eden par Dieu;

2) Adam et Eve jouissaient de beaucoup de privilèges. Ils pouvaient s'ouvrir à la procréation parce que Dieu leur a exigé de multiplier la terre. En plus de faire des enfants, ils pouvaient dominer sur toutes les autres espèces.

Le plan de Dieu au moment de la création est le suivant : un homme se marie avec une femme, et de cette relation des enfants peuvent être nés. Le diable fait tout pour éloigner les familles du plan de Dieu. L'exemple le plus frappant est un homme et une femme qui vivent en concubinage (union libre). Ils vivaient leur vie relativement bien avant de se marier. Les problèmes surgissent le jour où ils décident de rentrer dans le plan de Dieu.

Satan est orgueilleux et jaloux. La Bible nous dit que Satan voulait monter au ciel et élever son trône au-dessus des étoiles de Dieu (Ésaïe 14 : 13). Dans cette optique, il a séduit et a incité Eve à lui rejoindre dans le camp des rebelles. Quand la femme a répondu à Satan que Dieu leur a autorisé de manger du fruit des arbres du jardin, à l'exception du fruit de l'arbre qui est au milieu du jardin (Genèse 3 : 2, 3). La réponse de Satan était truffée d'orgueil. « Vous ne mourrez point; mais Dieu sait que, le jour où vous en mangerez, vos yeux s'ouvriront et que vous serez comme des dieux, connaissant le bien et le mal » (Genèse 3 : 4, 5). Il ne faut pas oublier que Satan a été chassé du trône parce qu'il voulait être à la place de Dieu.

Eve s'est laissé prendre au piège et a mangé le fruit qui lui a été défendu et l'a partagé avec son mari. Ils se cachèrent loin de la face de Dieu au milieu des arbres du jardin. Lorsque Dieu leur demanda s'ils ont mangé le fruit qu'il les avait défendus de manger, Adam a répondu par l'affirmative en faisant reposer le tort sur Eve pour avoir partagé le fruit avec lui (Genèse 3 : 7-12). C'est ainsi que fut débuté le premier conflit familial et la première attaque de Satan sur la famille.

Le mariage : une institution divine et un modèle à suivre

Il est important de rappeler que le mariage est la seule institution, l'unique organisation qui, dans notre monde actuel, soit parvenue à l'existence avant les premières manifestations du péché. Cela nous permet de comprendre que Dieu créa Eve pour être la compagne d'Adam avant que la désobéissance apparaisse dans le monde.

En effet, l'établissement de la relation du mariage est l'un des aspects du plan parfait de Dieu à l'égard de l'homme puisqu'il a fait en sorte que cela fasse partie des conditions de vie idéales existant dans le jardin d'Eden. Aujourd'hui, nous devons l'accepter comme le modèle divin par excellence, d'autant plus qu'il est destiné aux hommes de toute époque.

Dieu se réjouit de voir les gens s'unir, se marier et avoir des enfants, mais il a fixé les règles auxquelles ses créatures doivent se conformer en suivant le modèle qui leur est donné. Si nous voulons jouir de l'union merveilleuse prévue par notre Dieu, nous devons alors suivre les enseignements que contient sa Parole, la Bible.

Aujourd'hui, comme jamais auparavant, nombreux sont ceux qui seraient prêts à se débarrasser entièrement du mariage et à lui remplacer par des arrangements temporaires tels que vivre ensemble sans être marié (le concubinage). Ils sont légion les jeunes qui persistent à croire que vivre sous le même toit avec la personne avec qui on a un projet de mariage, maximise les chances de réussir son mariage.

Ce courant de pensée est tout à fait contraire au modèle donné par Dieu dans sa Parole. Il désire que votre mariage soit une relation dans laquelle il puisse exprimer son amour pour vous. Ceci ne peut avoir lieu que lorsque vous l'honorez en cherchant sa direction et en suivant son modèle.

Le mariage est l'union permanente d'un homme et une femme qui vont désormais se trouver liés spirituellement, légalement et moralement, pour la vie. Cela signifie que le mariage entre un homme et une femme n'est pas un contrat qui peut être rompu par l'une de ses parties, mais il est, au contraire, une alliance, conclue selon le modèle de l'alliance conclue entre Christ et son Église. Le mariage est un engagement sacré tout comme l'alliance divine.

Le parallèle mari-épouse et Christ-Église est frappant et n'est pas sans importance. La relation de Christ avec son Église est donc fondée sur une alliance divine. De même que la relation du mari avec son épouse est aussi fondée sur une alliance divine. L'alliance divine a été conclue pour l'éternité. Le mariage est donc une union qui dure toute une vie puisque seule la mort de l'un des conjoints peut rompre cette alliance.

La Bible nous dit ce qui suit : « N'avons-nous pas tous un seul père ? N'est-ce pas un seul Dieu qui nous a créés ? Pourquoi donc sommes-nous infidèles l'un envers l'autre en profanant l'alliance de nos pères » (Malachie 2 : 10) ? Cette écriture est sans ambiguïté en ce qui concerne la colère de Dieu contre son peuple parce que, entre autres, beaucoup d'hommes avaient divorcé de leurs femmes. Le premier témoin de cette alliance est Dieu lui-même.

Le mot « alliance » désigne une relation intime et sainte fondée sur des promesses solennelles. En d'autres termes, les promesses conjugales échangées entre les époux sont scellées au ciel, d'où la gravité de trahir vos engagements envers Dieu et envers votre partenaire.

Malheureusement, depuis la chute et la plongée de l'humanité dans le péché, le caractère sacré de cette alliance a été perdu. Avant la venue de notre sauveur Jésus-Christ, nous étions incapables de revenir au plan initial de Dieu, car le péché rendait la loi divine sans force. Mais aujourd'hui, grâce à l'alliance nouvelle conclue dans le sang de Christ, la puissance de la croix doit nous permettre de vaincre la puissance du péché et de la chair, et de pouvoir vivre la relation mari-épouse comme le veut notre Seigneur.

Néanmoins, il ne s'agit donc nullement d'une grâce à bon marché qui supporterait indéfiniment notre marche dans le péché, la chair et toutes sortes de compromis, moyennant que nous nous en repentions en permanence, tout en continuant à patauger dans le péché sans jamais avoir la victoire sur celui-ci.

Le chrétien de la nouvelle alliance est en Christ, mort au péché, au monde, à la chair et à toutes les œuvres de Satan en général. Cette libération absolue, qui lui a été acquise à un si grand prix, lui permet, en marchant selon l'esprit nouveau qu'il a reçu, de satisfaire parfaitement la pensée et la volonté de Dieu, notamment en ce qui concerne les exigences de l'alliance du mariage.

Les exigences de Dieu sont absolues. Mais il ne peut les imposer à l'humanité que si celle-ci dispose de moyens spirituels adéquats pour obéir à ces exigences. Et l'humanité ne dispose de ces moyens spirituels que depuis la nouvelle alliance scellée par le sang de Jésus.

Ceci est tellement vrai que dans les évangiles, Jésus s'adressait le plus souvent aux Juifs, ainsi qu'à ses disciples. Mais ceux-ci, avant la croix et la Pentecôte, étaient incapables de comprendre les choses de l'Esprit, et plus encore de marcher par l'Esprit. L'Église n'était pas encore établie puisque le Saint-Esprit n'avait pas été encore répandu.

Au regard du caractère universel des principes de Dieu, deux (2) païens qui se marient s'unissent devant Dieu en dépit du fait qu'ils ne vont pas à l'église. Les commandements de Dieu relatifs au mariage demeurent valables dès qu'il y a mariage entre un homme et une femme.

Dans les différentes législations des États, un crime reste un crime, même si le criminel n'a pas conscience de commettre un crime ! Le crime ne lui sera peut-être pas imputé de la même manière s'il n'a pas conscience, mais cela reste quand même une violation d'une loi. Il en est de même pour les principes divins concernant le mariage.

La question de la valeur du mariage et la place qu'il occupe dans la bible n'est plus à démontrer. C'est un sujet important, qui ne concerne pas seulement les célibataires chrétiens qui désirent fonder un foyer selon la volonté de Dieu. Il touche aussi tous ceux qui, étant mariés, veulent comprendre la signification du mariage afin de mettre leur vie en accord avec Dieu et faire de leur mariage, un témoignage vivant de l'amour de Dieu.

De plus, nous sommes tous conscients que nous assistons à une culture en mutation. Face au libéralisme des mœurs, l'Église ne sait pas toujours répondre à des questions brûlantes en rapport à la famille. Or, en l'absence d'une compréhension solide de la Parole, bien des chrétiens sont en souffrance sur ce sujet qui demeure, nonobstant ses contestataires, le fondement et l'épine dorsale de toute société humaine.

Certains leaders n'abordent pas la notion de famille sous le fallacieux prétexte que la société ne porte plus de valeurs qui se basent sur la Parole de Dieu. La Bible, ne déclare-t-elle pas que nous sommes le sel de la terre et la lumière du monde ? (Mathieu 5 : 13, 14). Et La famille n'est-elle pas aussi le fondement de l'Église ?

Nous avons pour mission de défendre les valeurs familiales et de communiquer de manière transparente à ce sujet dans le but de distinguer non seulement ce qui relève de la tradition de ce qui est fondé sur la bible, mais également de comprendre, à travers l'ensemble des enseignements des Saintes Écritures, le message que Dieu veut transmettre à la famille en général et à la famille chrétienne en particulier dans le monde. Ainsi nous aspirons à en faire un témoignage vivant dans une société où de nombreux individus expriment ouvertement leurs souffrances affectives et émotionnelles. D'où la raison d'être de ce livre qui s'intitule « MOI ET MA MAISON ».

Le livre se donne le but, entres autres, de montrer aux jeunes (chrétiens en particulier) les critères dont ils doivent tenir compte pour faire le choix de leur futur époux ou épouse. Le rôle de chacun des membres de la famille sera aussi abordé et bien d'autres sujets. Enfin, de sages conseils tirés de la Bible sont aussi prodigués à ceux et celles qui veulent vivre leur mariage selon la volonté de Dieu.

CHAPITRE I
Comment Faire Son Choix ?

Dieu a doté le corps de l'enfant d'un mécanisme de développement capable de lui permettre, en temps voulu, d'assumer les responsabilités d'un adulte.

De ce fait, lorsque les jeunes enfants entrent dans l'adolescence, leur corps subit de nombreux changements. En plus des transformations physiques, on voit apparaître de nouveaux intérêts, sentiments et désirs. Il est normal que les garçons commencent à s'intéresser aux filles; les filles de leur côté commencent à s'intéresser aux garçons. Il s'agit simplement de l'un des aspects du plan de Dieu qui s'accomplit, dont la finalité est de préparer l'être humain au mariage.

Le petit garçon a grandi et atteint l'âge de la maturité conjugale. La petite fille a mûri et est désormais en mesure de fonder un foyer avec un partenaire de son choix. Les questions à se poser à ce moment précis sont les suivantes : comment un jeune homme peut-il savoir qu'il a trouvé la jeune fille qu'il lui faut comme épouse ? Comment une jeune femme choisit-elle celui avec qui elle passera le reste de sa vie ? Comment faire son choix ? Dans ce premier chapitre, nous allons étudier quelques critères de sélection du partenaire au regard de la Parole de Dieu.

L'importance du choix

Le choix de celui ou de celle, qui est destiné(e) à marcher à vos côtés pendant le reste de votre vie est d'une importance capitale. Pourquoi ? En voici quelques raisons.

Tout d'abord, le choix du bon partenaire conjugal est important en raison de l'influence que ce/cette partenaire aura sur votre existence. Sur le plan économique, il est prouvé que le succès d'un homme ou d'une femme dépend en grande partie du choix de son/sa partenaire.

La réalité est la même sur le plan spirituel en ce sens que la personne que vous épouserez contribuera certainement à modeler votre caractère et pourra engager tout le cours de votre vie soit vers la justice et le ciel, soit vers le péché et l'enfer.

En d'autres termes, l'influence quotidienne de votre compagnon ou de votre compagne vous aidera à atteindre votre but de jouir du bonheur éternel, ou dans le cas contraire, vous éloignera malheureusement toujours plus de Dieu, l' unique source d'une joie authentique. Le choix que vous aurez fait vous permettra, ou vous empêchera, d'aimer Dieu, de le servir et de lui obéir.

Ce choix revêt ensuite d'une importance capitale car il conditionne l'ensemble de votre vie. Un chrétien ne se marie pas avec l'idée d'avoir un plan de secours tel qu'un éventuel divorce s'il ne parvient pas à s'entendre avec son conjoint. Si vous possédez un véhicule qui perd tout à coup de sa valeur, vous pouvez le vendre et en acheter un autre. Cependant, il n'est pas possible d'agir de la sorte quand on est marié. Ainsi, la Bible enseigne que le mariage est une alliance qui se fait pour la vie et « que personne ne sépare pas donc ce que Dieu a joint » (Marc 10 : 9).

Par ailleurs, il n'existe pas non plus de mariage « à l'essai » pour les chrétiens, qui consiste en une cohabitation temporaire destinée à tester la compatibilité des partenaires. Si l'on se tient aux règles établies par Dieu, lui qui a institué le mariage, on est obligé de qualifier de tel fait comme contraire à la Parole de Dieu.

Oui, notre choix de partenaire influe à plus de quatre-vingt-dix pour cent (90%) sur notre succès ou de notre échec dans la vie. C'est pourquoi il est bon de bien choisir dès le départ.

C'est l'une des raisons pour lesquelles, le jour de mariage, de sérieuses injonctions sont lues aux couples. Cela implique que les vœux auxquels ils sont sur le point de souscrire ne doivent pas se réaliser de manière spontanée et sans sens. Deux (2) hommes ne peuvent pas marcher ensemble sans en être convenus (Amos 3 : 3).

Le choix de votre partenaire ayant donc une importance aussi vitale, il convient de ne jamais agir à la va-vite. La Bible nous donne, heureusement à ce sujet, toute une ribambelle de principes dignes d'être observés par celui/celle qui souhaite avoir un mariage heureux.

Laisser Dieu choisir pour vous

Dieu nous dit dans sa Parole qu'il nous guidera constamment et il nous rassasiera dans les lieux arides (Esaïe 58 : 11). C'est une erreur monumentale pour un chrétien qui ne s'appuie pas sur Dieu pour trouver qui épouser. Dieu vous connaît et il discerne chacun de vos besoins. En réalité, il vous connaît mieux que vous-même. Il sait donc exactement quel partenaire choisir pour vous parce qu'il vous aime et tient à vous aider.

Si vous rencontrez une personne qui fait battre votre cœur et que vous désirez apprendre à la connaitre et après à l'épouser, il n'y a rien de mal à cela. Toutefois, vous ne devez en aucun cas laisser Dieu en dehors de l'équation. Dans le cas contraire, votre relation est comparable à une construction érigée sur le sable mouvant.

En effet, dans le choix du conjoint, Dieu ne doit pas être laissé de côté, dans le cas contraire cela constituera un problème majeur. Le Dieu parfait a tout ce qu'il faut pour rendre votre mariage parfait pour l'avoir lui-même créé. Vous devez le consulter pour obtenir le manuel sur la façon de faire votre mariage une réussite totale.

La vérité est qu'il y a des gens qui vivent leur mariage dans la joie contrairement à l'avis prédominant dans la société. Pour appartenir à cette catégorie de personnes, vous devez pouvoir faire votre part et donner à Dieu la possibilité, à son tour, de jouer son rôle infaillible. « Le cœur d'un homme médite sa voie, mais c'est l'Éternel qui dirige ses pas » (Proverbes 16 : 9).

Si vous êtes enfant de Dieu, soyez certain que votre Père a en réserve pour vous celui ou celle qui sera un excellent compagnon de route. Ainsi, avant de faire votre choix, assurez-vous de bien vous laisser conduire par Dieu vers la personne qui répondra exactement à vos critères et besoins.

Pour ce faire, vous devez consciemment prier et lui demander son opinion sur la personne. La Bible dit ce qui suit : « Ne vous inquiétez de rien; mais en toute chose faites connaître vos besoins à Dieu par des prières et des supplications, avec des actions de grâces » (Philippiens 4 : 6). Priez au sujet de votre mariage et soyez prêt à vous soumettre aux directives du Seigneur.

Certaines des choses qui doivent être en place de votre côté sont d'être mature physiquement, émotionnellement, matériellement et par-dessus tout, spirituellement. Par maturité spirituelle, je veux dire que vous devez avoir une relation intime avec Dieu au point où vous pouvez l'entendre vous parler clairement. Considérez le processus conjugal comme une promenade dans un long et sombre chemin où vous ne pouvez pas naviguer seul; vous avez besoin de la direction du Saint-Esprit. Ne soyez pas intimidé par les autres membres de votre assemblée chrétienne. Attendez que Dieu vous dirige !

Assurez-vous simplement de vivre une vie de sainteté et de marcher dans la justice. Maintenez une relation étroite avec Dieu en étudiant la Bible afin de commencer à développer et à identifier les différentes façons que le Saint-Esprit exerce son ministère.

La vérité est la suivante : plus vous êtes spirituel et que vous cherchez Dieu, plus les choses s'améliorent. L'inverse est également vrai, moins vous êtes spirituel, plus les choses empirent. Prenez votre vie spirituelle au sérieux ! Priez, lisez la Bible et suivre les conseils de Dieu pour votre vie. Ce faisant, vous bénéficierez de sa grâce abondante qui sera aussi disponible pour vous, dans tous les aspects de votre vie, y compris dans votre choix de partenaire.

En effet, vous ne devez pas ignorer les messages que Dieu vous communique sous forme de signaux de danger pendant la période où vous apprenez à connaitre la personne et même de fiançailles. Si à la vue de ces signaux, vous restez toujours inactif en refusant de les prendre en considération, permettez que je vous dise que votre mariage est déjà voué à l'échec.

De tels signaux sont portés à votre connaissance, par grâce, afin que vous ne soyez pas victime. La plupart du temps, certains célibataires chrétiens font preuve d'une terrible incrédulité en ce sens qu'ils refusent tout simplement d'entendre la voix de Dieu. Ils permettent à leurs émotions de s'impliquer tellement qu'ils ne peuvent plus se focaliser. Rappelez-vous que Satan le diable s'immisce très souvent dans n'importe quelle situation par le truchement des émotions afin de vous faire commettre des erreurs.

Il est humain de commettre des erreurs ! Néanmoins, il y a des erreurs dans lesquelles on tombe qui engendrent des sentiments de culpabilité et laisser des séquelles qui persistent toute votre vie. Cela signifie que même si vous finissez par être sauvé de l'emprise des erreurs, les cicatrices qu'elles laissent subsistent. La Bible compare un insensé qui n'écoute pas la voix de Dieu à un chien qui retourne à son vomi (Proverbes 26 : 11).

Jeunes célibataires, vous ne pouvez pas faire confiance à vos émotions. Elles s'estomperont de toute façon face à la réalité.

Dans toute relation, particulièrement dans les fréquentations, il ne suffit pas d'ouvrir vos yeux physiques, mais il faut que vos yeux spirituels soient ouverts aussi. Réfléchissez dans la prière à vos options avant d'agir. Car la crainte de Dieu est le commencement de la sagesse, mais ce sont les fous qui méprisent les instructions de Dieu (Proverbes 1 : 7).

Avant d'arrêter définitivement votre choix, vous devez avoir clairement les directives de Dieu. La prière et un regard honnête sur ce que Dieu a à dire au sujet du mariage, ont dissuadé plus d'un de faire des choix malheureux.

Dieu connaît la personne qui convient à chacun de ses enfants et dirigera certainement ceux et celles qui veulent sincèrement connaître sa volonté avant de prendre cette décision combien importante.

Épouser quelqu'un qui a la crainte de Dieu

Rappelez-vous que le mariage est une institution divine, un concept céleste et la volonté parfaite de Dieu. C'est l'ouverture des écritures dans Genèse 2 et la clôture de celles-ci dans Apocalypse 19. En d'autres termes, il couvre la partie centrale des écritures.

Sachant que Dieu est Esprit et c'est lui qui a inventé le concept du mariage, la spiritualité vient donc en premier dans le mariage. Cela suggère que l'idée du mariage a évolué du spirituel au social (physique), et que le spirituel était le modèle initial. Conséquemment, un chrétien ou une chrétienne doit avoir la conviction qu'il ou qu'elle est sur la même longueur d'onde que celui ou celle sur qui il ou elle jette son dévolu.

L'un des premiers moyens d'avoir la certitude que le choix que vous voulez faire est approuvé par Dieu est de savoir si la personne est chrétienne ou si elle ne l'est pas.

Dans le couple, chacun a des obligations envers l'autre, peu importe que celui-ci soit chrétien ou pas. Si vous êtes chrétien et célibataire, vous devez être persuadé que Dieu ne vous permettra pas d'épouser un incrédule. Une telle relation est inenvisageable.

Bien-aimés, n'allez pas vous associer avec des incroyants : ce ne sont pas des partenaires qui vous conviennent. Les Saintes Écritures nous disent ceci : « Ne vous mettez pas avec les infidèles sous un joug étranger. Car quel rapport y a-t-il entre la justice et l'iniquité ? Ou qu'y a-t-il de commun entre la lumière et les ténèbres ? Quel accord y a-t-il entre Christ et Bélial ? Ou quelle part a le fidèle avec l'infidèle » (2 Corinthiens 6 : 14, 15) ?

Ce passage biblique est très limpide en ce sens que Dieu n'approuve pas les relations d'un croyant avec un incroyant parce que vous constituez un attelage disparate.

L'image employée est celle de deux (2) bœufs d'humeur incompatible attelés sous le même joug, qui, au lieu de tirer la charge ensemble, travailleraient l'un contre l'autre. Bien que le verset ne cite pas précisément le mot « mariage », il s'applique clairement à celui-ci.

Aussi, faut-il être au courant que le mariage aboutit forcément à une unité qui dépasse toute autre relation humaine (Genèse 2 : 24). C'est l'une des raisons pour lesquelles Dieu a exhorté Israël de ne pas tomber dans ce piège.

« Tu ne contracteras point de mariage avec ces peuples, tu ne donneras point tes filles à leurs fils, et tu ne prendras point leurs filles pour tes fils; car ils détournaient de moi tes fils qui serviraient d'autres dieux, et la colère de l'Éternel s'enflammerait contre vous : il te détruirait promptement » (Deutéronome 7 : 3, 4).

Eu égard à cette écriture, nous pouvons logiquement déduire que l'interdiction faite à Israël s'applique également à nous. d'autant plus que les principes moraux préconisés dans l'Ancien Testament doivent être pris en compte en vue de glorifier

Dieu dans nos choix. Ne perdons donc pas notre Sauveur en éteignant la lampe spirituelle qui est en nous pour assouvir nos propres désirs.

La Bible nous dit que nous ne devons pas nous tromper sur le fait que les mauvaises compagnies corrompent les bonnes mœurs (1 Corinthiens 15 : 33). Cela signifie que toute relation d'intimité avec un incroyant peut vite devenir une entrave à votre marche avec Christ et votre sanctification qui est une condition pour voir le Seigneur Jésus (Hébreux 12 : 14). Nous sommes appelés à évangéliser et gagner des âmes païennes pour Christ, pas le contraire.

Bien sûr, il ne s'agit pas de refuser tout lien social avec les non croyants. Jésus était à table avec des pécheurs (Marc 2 : 15). Il n'y a rien de mal à avoir des relations amicales avec des incroyants à condition que vous n'alliez pas plus loin.

Par ailleurs, vous devez faire très attention à vos amitiés. Les deux (2) sexes exercent toujours une attraction l'un sur l'autre, mais ceci ne doit pas être pour vous le prétexte d'une amitié intime avec une personne incroyante. Veillez à ce que tous vos amis les plus proches soient des chrétiens. Ne donnez pas à Satan l'occasion de vous soustraire à la volonté de Dieu et de ruiner votre vie en vous poussant à vous lier, par le mariage, à un incroyant ou une incroyante.

Si vous fréquentez une personne qui n'accepte pas le Seigneur Jésus comme Sauveur personnel, sachez que vous serez tiraillé entre la romance et le salut de son âme. De plus, épouser un incroyant vous empêchera de cultiver une certaine intimité spirituelle dans votre mariage. De surcroît, il est impossible de bâtir et de préserver un mariage solide et de qualité si vous êtes en désaccord sur la question la plus cruciale qui soit : Croire au Seigneur Jésus-Christ.

Un homme et une femme qui se marient ont fait le choix de marcher ensemble dans la même direction, à la même vitesse pour leur vie durant. C'est pourquoi qu'il est illusoire de penser à devenir une même chair, un même corps avec quelqu'un qui ne partage pas notre foi. Autrement dit, on ne peut pas s'associer durablement avec un païen.

Dans la Bible, nous trouvons l'exemple de deux (2) jeunes gens bourrés de talents qui commirent l'erreur d'épouser des païennes. Il s'agit de Samson et de Salomon.

Samson se laissa attirer par une jeune femme dont la religion était différente de la sienne. Ses parents lui conseillèrent d'épouser l'un de ses compatriotes, mais il ne les écouta pas. Son premier mariage fut un fiasco et cela dès le départ (Juges 14 : 1-3).

Par la suite, malgré le fait que son premier mariage fut un échec total, Samson persista cependant à enfreindre les lois établies par l'Éternel sur le mariage. Son union avec sa deuxième femme, païenne elle aussi, conduisit à sa mort (Juges 16 : 1-26).

Plus tard, le roi Salomon se comporta de la même manière et se laissa aussi entrainer loin de Dieu par une païenne, la fille de Pharaon (1 Rois 3 : 1). Cette grave erreur le conduisit à prendre de nombreuses femmes étrangères et à soutenir l'idolâtrie, une action qui amena le jugement de Dieu sur son royaume (1 Rois 11 : 1-11).

De nombreuses personnes prennent le contre-pied de la thèse biblique selon laquelle une union entre un croyant et un non croyant n'est possible en aucun cas en disant qu'être inconverti ne fait pas de vous catégoriquement une mauvaise personne. C'est vrai !

Il y a même de très bonnes personnes chez les incroyants, et certains ne comprennent pas pourquoi ils ne pourraient pas faire potentiellement de bons conjoints. D'autres jeunes qui s'entêtent à vouloir trouver une bonne raison de fréquenter un incroyant poussent le bouchon beaucoup plus loin en prenant des exemples comme ce qui suit : « mais je connais quelqu'un qui s'est marié à un non-chrétien et ça se passe plutôt bien. Au contraire, telle ou telle personne s'est mariée avec un chrétien et ça a fini par un divorce ».

Je dois dire à ceux et celles qui soutiennent cette réplique que le fait de se marier avec un chrétien n'est évidemment pas la garantie d'une vie facile et sans défis. A l'inverse, se marier avec un païen, c'est aller à coup sûr vers des dilemmes, des déchirements, des compromissions et des difficultés inutiles.

A cela s'ajoutent les personnes qui fréquentent un non croyant en espérant qu'il se convertisse. Ne commencez jamais une relation amoureuse avec une personne qui n'est pas croyante dans l'espoir qu'elle finira par changer de croyances. L'inverse peut se produire : l'incroyant vous change après vous avoir déçu et que vous ayez endommagé votre foi.

En fait, les choses sont assez simples. Il existe deux (2) catégories de personnes dans ce monde : ceux qui appartiennent à Dieu et ceux qui appartiennent au diable. Ils vivent dans le même monde mais n'appartiennent pas au même royaume. Nous ne sommes pas dans un film hollywoodien où la personne qui transgresse les barrières finit par révolutionner le monde. L'Éternel est le seul maître de toute chose et il nous a révélé sa volonté.

Il faut préciser clairement que se marier à un non chrétien est un péché et que si vous le faites malgré l'exhortation de Dieu, vous allez devoir payer les conséquences de votre entêtement.

Aussi, doit-on préciser qu'il ne suffit pas de choisir comme futur conjoint un chrétien ou une chrétienne, il faut s'accorder mutuellement. D'ailleurs, la Bible enseigne que l'on ne peut espérer avoir un foyer heureux si l'on ne s'est pas mis d'accord au préalable.

Les divergences d'opinion sur certaines questions religieuses peuvent détruire le bonheur d'une famille. Veillez donc à vous mettre d'accord sur la place que Dieu occupera dans votre vie et sur la manière dont vous le servirez, sur le choix de votre Église et sur le genre d'instruction religieuse et spirituelle que vous donnerez à vos enfants. Des idées différentes concernant la doctrine en viennent parfois à diviser le foyer. Imaginez si chacun décide d'aller dans une Église différente, les débuts de la vie conjugale peuvent être compromis et les enfants confus.

Il est évidemment impossible de se montrer parfaitement d'accord sur toutes les questions. Cependant, le mari et sa femme devront s'entendre sur toute question d'ordre général et fondamental.

Vous devez vous mettre d'accord pour fonder votre famille sur des bases bibliques. Il faut que les époux déterminent à l'avance la manière dont ils élèveront leurs enfants. Si vous n'êtes pas absolument d'accord sur toutes ces questions-là, faites bien attention ! Vous allez faire face à de graves problèmes.

N'être pas consumé(e) par le désir de se marier

Il y a des personnes qui sont tellement désireuses de se marier qu'elles deviennent totalement inconscientes des situations pernicieuses qui peuvent se présenter. Si vous faites partie de cette catégorie, permettez que je vous dise que vous jouez avec le feu ! Il est important de ne pas faire du mariage une affaire de vie ou de mort quel que soit le facteur considéré.

D'autres sont si désespérées qu'elles décident de réduire leurs critères ou baisser leur standard pour choisir en fonction de l'option disponible.

Frères et sœurs en Christ, le mariage ne fonctionne pas ainsi; c'est plus profond que cela. Il y a une alliance spirituelle attachée au lien du mariage qui doit être clairement comprise avant de s'y engager. Dans le cas contraire, il y aura des dommages irréparables. La vieillesse ne devrait être en aucun cas un facteur précipitant qui vous pousse à sauter désespérément dans des eaux troubles.

Il faut faire preuve de beaucoup de prudence parce que les erreurs conjugales peuvent vous mettre dans un état de regret absolu. Il n'y a personne qui entre dans le feu de l'erreur conjugale et en ressorte le même. Ce feu brûle impitoyablement. Priez pour que ça ne soit jamais votre part, au nom puissant de notre Sauveur Jésus.

Si vous lisez ce livre en ce moment et que vous avez traversé le feu de l'erreur conjugale d'une certaine manière, soyez rassuré que la miséricorde de Dieu parle encore. Mon point ici est de vous permettre d'éviter ou d'échapper au feu. Et si vous n'y êtes pas déjà entré, vous pouvez décider de ne même jamais sentir la flamme jusqu'à ce que Dieu vous installe maritalement. Cela peut sembler désinvolte de dire que Dieu ne vous a pas oublié dans le domaine du mariage, mais c'est la vérité.

Si vous vous êtes identifié à Jésus comme votre Seigneur et Sauveur personnel, il a la responsabilité de régler vos affaires conjugales, alors attendez-le !

Très souvent, les *desperados* dans le domaine du mariage sont déçus et deviennent moins attirants parce qu'ils transmettent inconsciemment le message désespéré. Leur expression faciale et leur posture changent également. Faire cela est pour eux une façon de parler le langage de la frustration dans leur vie et leur corps. Ne vaut-il pas mieux attendre que de s'épuiser de son vivant ?

Vous pouvez réellement vous rendre disponible sans paraître désespéré. Notez que ce ne sont pas seulement des femmes célibataires qui cherchent désespérément à se marier, il y a aussi des hommes célibataires qui sont dans la même situation.

L'une des raisons pour laquelle vous désespérez de vous marier est que vous approchez la fin de la vingtaine, de la trentaine ou même de la quarantaine en tant qu'adulte célibataire. Il semble que tout le monde de votre entourage soit introduit dans l'univers de l'amour et du mariage alors que vous vous demandez encore si vous trouverez un jour l'homme ou la femme de votre vie.

Certaines personnes commencent même à compter le nombre de leurs plus jeunes amis qui sont mariés et sont ainsi sérieusement submergées par la peur de rester célibataires. Ne vous précipitez pas aveuglement dans des relations à cause de la solitude. Si vous vous précipitez dans le mariage parce que vous semblez être à la traîne lorsque tous les membres de votre famille et vos amis se marient, votre mariage risque de connaitre de très grandes difficultés, et dans le pire des cas cela pourrait aboutir à un divorce.

La solitude est un sentiment, une attitude. Nous ne traversons pas cette vie sans en faire l'expérience dans une certaine mesure. Cependant, se contenter de quelque chose de moins ou d'inférieur, comme substitut de la solitude, est une bévue. Il y a des choses bien pires que la solitude et par la grâce de Dieu nous n'avons pas à être vaincue par la solitude. Il est capable de transformer notre solitude en un moment agréable, fructueux et productif en sa compagnie.

En attendant Dieu pour vous donner la personne qu'il vous a réservée ou prédestinée comme époux ou épouse, ne cédez pas au fantôme de la solitude. Faites de vos moments de calme des moments glorieux en sa présence. N'abandonnez pas l'assemblée chrétienne.

Vous devez également reconnaître qu'être seul ne signifie pas que vous êtes un inadapté social ou un célibataire endurci comme le veut la logique. N'acceptez pas les mensonges de l'ennemi qui veut que vous vous sentiez désespéré. Lorsque nous nous sentons désespérés, nous agissons de manière irrationnelle et sans respect pour les commandements de Dieu. Chaque fois que nous ressentons un besoin impérieux d'avoir, à tout prix, quelqu'un à proximité, nous nous contenterons de n'importe quoi.

Reconnaissez également votre besoin d'interaction sociale et planifiez de bonnes choses. Mais vous n'avez pas besoin d'avoir un rendez-vous pour avoir de la compagnie. Contactez d'autres personnes qui ont des intérêts similaires à vous et partagez votre temps.

Vous commencez à vous demander si mettre votre confiance absolue en Dieu pour vous apporter le bon partenaire est suffisant ou si vous devez donner un petit coup de main à votre vie romantique en vous inscrivant sur des sites de rencontre en ligne ?

Si vous ne faites pas les choses correctement à ce stade de votre vie, les choses pourraient mal tourner. Vous pouvez dire que rien ne vous dérange, mais la vérité est que vous ne pouvez pas faire un bon choix sans l'aide de Dieu.

Ne vous laissez pas ronger par cette mentalité de « je dois me marier maintenant quoi qu'il arrive ». Occupez-vous plutôt à travailler pour le Seigneur et à vous préparer pour le mariage pendant que vous priez. La Bible nous dit : « Cherchez premièrement le Royaume et la justice de Dieu et toutes ces choses vous seront données par-dessus » (Mathieu 6 : 33). Échangez votre peur contre votre foi en Christ; occupez-vous à faire les choses que vous aimez; faites-vous de nouveaux amis pieux et ne craignez pas le célibat, car ceux qui se confient en l'Éternel renouvellent leur force. Ils prennent le vol comme les aigles; ils courent, et ne se lassent point, ils marchent et ne se fatiguent point (Ésaïe 40 : 31).

De plus, si vous êtes consumé par le désir de vous marier, cela peut conduire à l'interprétation erronée de l'attention du sexe opposé. En clair, le désespoir d'être marié peut déboucher sur une mauvaise interprétation du moindre geste d'un potentiel fiancé. Si un homme vous regarde deux (2) fois, vous ne pouvez pas automatiquement lire dans son regard toutes sortes de choses. Si une femme s'assoie à côté de vous lors d'une activité sociale ou religieuse, ce n'est pas une raison de penser qu'elle est intéressée.

Certains célibataires chrétiens aiment vraiment envoyer des signaux, puis les désavouer. Certains frères vont même jusqu'à donner aux observateurs l'impression qu'il se passe quelque chose entre eux et une sœur alors qu'il n'y a vraiment rien. Ce comportement est à éviter. En tant que jeune homme ou jeune femme chrétien/ne célibataire, vous devez vous abstenir d'envoyer des signaux à un frère ou une sœur si votre intention n'est pas pure et authentique. Ne présumez jamais que quelqu'un a des sentiments pour vous ou est amoureux de vous s'il ne le dit pas. Attendez une proposition avant d'en parler.

N'envisager pas un mariage pour résoudre tous vos problèmes

Dieu a créé l'amour et a placé le désir d'être aimé inconditionnellement dans chacun de nos cœurs. Le mariage est un débordement naturel de ce désir. Pourtant, dans cette quête sacrée et naturelle du mariage, il est facile de tomber dans le mensonge que trouver un conjoint sera la voie ultime vers le bonheur et une grande satisfaction; que tous les problèmes, peurs et déficits s'estomperont en présence du véritable amour. Détrompez-vous parce que cela n'est pas vrai dans le monde du mariage.

Je dois être assez sincère pour vous faire savoir que le mariage est une grande bénédiction et que celui qui trouve une femme ou un homme, respectant les principes fixés par Dieu pour entrer dans les liens du mariage, trouve vraiment le bonheur (Proverbes 18 : 22). Marié depuis plus de vingt-cinq (25) ans, je peux affirmer sans réserve que le mariage a enrichi ma vie à bien des égards. Néanmoins, nonobstant toutes les choses qu'il a faites pour améliorer ma vie et étendre mon amour, il y a encore des choses qu'il ne pourra jamais faire.

Certaines personnes persistent à croire qu'elles doivent être mariées pour mettre fin à tous leurs problèmes. Cette façon de penser fait plus de mal que de bien à de nombreux mariages aujourd'hui. Ces idées, pré et mal conçues, créent de fausses attentes qui ne feront que nuire à votre partenaire, car il y a une forte probabilité que ce ou cette partenaire ne puisse pas en mesure de vous aider à changer votre façon de penser. Et généralement dans ces cas, rien ne pourra vous combler peu importe combien d'encouragement, d'attention, d'affection, d'affirmation et d'amour que vous recevez de votre partenaire. Le vrai bonheur vient lorsque vous choisissez de vous voir à travers les yeux de Dieu.

Faire le choix d'un partenaire en vue de combler vos besoins insatiables est une recette destructive car aucun être humain n'a la capacité de vous offrir ce qui est nécessaire pour le vrai bonheur. Cela ne peut venir que de l'intimité de votre relation avec Dieu.

La Bible nous encourage à vivre cette vie pour la gloire de Dieu, à l'aimer et à aimer les autres en vue de laisser son empreinte partout dans le monde. Bien que le mariage puisse être une bénédiction, un cadeau incroyable, ce n'est qu'un moyen d'atteindre une fin et non la fin en soi.

Lorsque l'on s'appuie sur les relations sentimentales ou romantiques pour prendre de l'élan pour atteindre notre objectif dans la vie, nous pouvons nous retrouver face à une muraille de déception avec nulle part où aller. Le mariage peut être un moyen d'atteindre notre but, mais ce n'est jamais la destination finale.

Réajustez votre état d'esprit, revenez sur terre et débarrassez-vous de l'idée selon laquelle votre partenaire potentiel sera un sauveur dans tous les sens du terme. Sachez avec certitude que le mariage ne peut résoudre tous vos problèmes. Seul Dieu est capable de le faire. Vous devez lui faire confiance et n'appuyez pas sur votre propre compréhension (Proverbes 3 : 5).

Un croyant ne doit prendre aucune décision basée sur son opinion personnelle ou celle des autres, mais plutôt sur la décision et la direction de Dieu. En clair, le choix des partenaires de vie doit être basé sur la Seigneurie de Christ parce qu'il possède la vie de chaque créature (Jean 1 : 8-10).

Choisir quelqu'un que vous aimez vraiment

Si vous laissez Dieu choisir pour vous, je suis persuadé qu'il n'existe aucune possibilité que vous n'aimiez pas cette personne. Vous devez comprendre que Dieu est toujours impliqué dans l'union conjugale idéale, et donc, il est impossible pour lui de faire des erreurs.

En outre, vous devez aimer votre partenaire potentiel pour son « être » et non pour son « avoir ». Autrement dit, vous ne pouvez pas vous marier avec quelqu'un en raison de son opulence. Si vous n'avez pas atteint le domaine où vous l'aimez pour qui il ou elle est, alors n'allez jamais de l'avant; la fin peut ne jamais être acceptable. La Parole de Dieu nous dit en Proverbes 15 : 16 : « Mieux vaut peu, avec la crainte de l'Éternel, qu'un grand trésor, avec le trouble ».

L'argent c'est bien, mais l'argent n'est pas tout. Il peut vous acheter un lit mais pas le sommeil. Il peut vous acheter des livres mais pas l'excellence. Alors ne vous emballez pas pour l'attirance matérielle.

Dans bon nombre de cas, la plupart de ces personnes qui courent après un homme ou une femme en raison de sa richesse, se marient mais ne sont pas heureuses et/ou sont même parfois maltraitées ou abusées. A ce stade, elles peuvent commencer à se demander d'où vient le problème. Mais la vérité est que ces personnes ont préalablement ignoré le problème et ont pris la décision de se marier en étant animées par des motivations essentiellement matérielles.

Bien-aimés, cherchez des qualités plus fines et un caractère pieux chez une personne plutôt que la taille de son portefeuille avant d'entrer dans une relation conjugale. Par exemple, vous pouvez vérifier ses rêves ou ses objectifs dans la vie, sa vision des choses. Cela pourrait vous donner des indices sur ce que demain serait pour vous deux (2) si vous choisissez de vous unir par les liens du mariage.

De plus, la conséquence directe d'un amour démesuré de l'argent est l'insatiabilité selon les Saintes Écritures. « Celui qui aime l'argent n'est pas rassasié par l'argent, et celui qui aime les richesses n'en profite pas. C'est encore là une vanité » (Ecclésiaste 5 : 10).

Aussi, l'amour de l'argent est-il la racine de tous les maux et certaines personnes avides d'argent se sont éloignées de la foi et se sont jetées elles-mêmes dans bien des tourments (1 Timothée 6 :10). Sachez que c'est la bénédiction de l'Éternel qui enrichit parce qu'il ne la fait suivre d'aucun chagrin (Proverbes 10 : 22).

En plus d'un amour authentique et pur pour le/la partenaire, vous ne devez pas céder à la pression. Beaucoup de gens ont commis des erreurs coûteuses en succombant à des pressions de toutes sortes. Il peut s'agir de pression sociétale, de pression parentale, de pression au travail ou même à l'église. Sur ce point, les jeunes femmes sont les premières victimes.

Tant, et aussi longtemps, que vous n'avez pas l'approbation de Dieu sur le choix du partenaire, ne laissez pas les opinions de ceux et celles qui vous entourent vous pousser à tomber dans un piège que vous allez devoir en payer les conséquences pendant toute votre vie. Ne laissez pas le véhicule de votre vie être contrôlé par des passants qui n'ont aucune idée de ce que Dieu a réservé pour vous. Prendre le contrôle de vos émotions, ne vous laissez jamais influencer par l'opinion des gens, leur avis n'est pas votre réalité ni votre priorité. Si vous ne faites pas attention, c'est vous qui allez souffrir.

Si possible, éloignez-vous des personnes qui vous poussent indûment à vous marier. Soignez-vous toujours bien; gardez toujours un bon comportement, une contenance calme et un regard joyeux. Continuez à prier en adoptant le comportement de Ruth en attendant votre Boaz.

Si vous êtes croyant ou croyante, vous ne pouvez pas choisir quelqu'un uniquement dans le but d'avoir un statut légal dans un pays étranger. Cette pratique couramment appelée « mariage-résidence » est contraire à la Parole de Dieu. Nous servons un Dieu qui nous donne tout lieu que foulera la plante de notre pied (Josué 1 : 3). Faites-lui confiance, il peut régler votre dossier d'immigration au-delà de vos espérances. Vous devez faire choix d'une personne que vous aimez vraiment afin d'éviter les problèmes qui peuvent surgir à cause de l'absence ou du manque d'amour.

Éviter les personnes mariées ou divorcées

Si vous êtes à la recherche d'une relation qui devra définitivement aboutir à un mariage, cela ne devrait pas être avec un homme marié ou divorcé ou une femme mariée ou divorcée. Fréquenter une personne mariée ou divorcée constitue de l'adultère tant que son conjoint est en vie et c'est une mauvaise chose pour tout mariage, car la Bible dit : « tu ne commettras point d'adultère » (Exode 20 : 14).

Tous les hommes mariés et toutes les femmes mariées qui trouvent leur plaisir dans la course après les jeunes célibataires sont cruels et dénués de compassion. Les bons hommes ou femmes ne se comportent pas comme ça. Si vous leur permettez de polluer votre vie, sachez que la période que vous passez avec eux, aussi courte soit-elle, peut-être la période où Dieu allait vous envoyer votre âme sœur et vous pouvez tout rater!

Je veux m'adresser surtout aux jeunes femmes célibataires. Lorsque vous cédez aux avances d'un homme marié, vous devez savoir que la plupart du temps il cherche tout simplement à combler un vide sexuel ou affectif. Ces hommes ont déjà une vie, ils ont juste besoin de vous pour étancher une certaine soif que des démons sexuels accroissent et aiguisent en eux. C'est malheureux de le dire, mais c'est vrai.

En vous livrant à cette sordide pratique, vous acceptez d'être simplement une concubine qui ne pourra jamais expérimenter la beauté d'un vrai mariage et vous attirez des liens d'âmes. Si vous vous permettez d'entrer dans ce cercle malicieux, sachez que non seulement vous avez fait le choix d'être une femme de seconde classe et de vous dégrader vous-même humainement parlant mais spirituellement parlant vous êtes en train de créer des liaisons qui prendront des années pour se défaire. Or, vous devriez savoir que Dieu a un meilleur plan pour vous; un plan original de mariage heureux à condition que vous fixiez patiemment vos yeux sur lui.

Certaines jeunes femmes, d'une audace excessive, vont jusqu'à rivaliser avec la femme de l'homme marié qui est fétichiste, se livrant ainsi à des combats spirituels et diaboliques profonds et se mettant dans des positions compromettantes dans lesquelles elles n'auraient jamais dû se retrouver.

Il y en a qui se laissent manipuler n'importe comment par leurs supérieurs hiérarchiques, tandis que d'autres couchent même avec leur patron (marié) au bureau. Ce genre de vie ne fait pas honneur à votre statut de jeune femme chrétienne. Ne consentez jamais à une personne mariée.

Choisir une personne mariée dont le conjoint est en vie pour partager votre vie ou tuer le temps est un signe que vous n'êtes pas prêt à vous installer dans le mariage, donc reconsidérez vos choix si vous envisagez de vous marier avec bonheur. Cela signifie également que vous n'êtes pas prêt à trouver votre propre partenaire, puisque vous vous êtes attaché au partenaire d'une autre personne. Vous devez rompre cette relation illico !

Peu importe la vantardise de cet homme marié ou de cette femme mariée, il ou elle ne peut pas vous aimer vraiment. Accepter d'entrer en relation avec une personne mariée fait de vous un briseur de foyer et de famille, un transgresseur de la loi divine, un ennemi de Dieu et un profanateur de cette noble institution créée par Dieu appelée mariage. « Ne vous y trompez pas : on ne se moque pas de Dieu. Ce qu'un homme aura semé, il le moissonnera aussi » (Galates 6 : 7).

Préparez-vous au mariage en ayant en horreur les mensonges

Tout ce que vous entreprenez dans la vie exige une certaine préparation. Le mariage n'échappe pas à cette règle, d'autant plus que même le choix du partenaire participe à ce processus qu'est la préparation. Un mariage sans préparation est voué à l'échec.

Pour ce faire, vous ne devez pas confondre vitesse et précipitation en ce sens qu'il faut prendre le temps qu'il faut en vue d'une bonne préparation. Dorénavant, à la *Salvation Church of God*, nous ne célébrons pas les mariages dont on n'a pas eu connaissance du projet de mariage un an avant la date prévue pour sa célébration. Mes frères et sœurs, un mariage ne s'improvise pas, cela se prépare.

Définissez vos plans en termes de préparation et jeûnez pour demander à Dieu de prendre totalement le contrôle de votre futur mariage. Effectuez des enquêtes auprès des parents, des proches de votre partenaire pour comprendre l'historique de mariage de cette famille afin de recueillir des informations en vue d'une meilleure préparation.

En plus d'être guidé par Dieu pour faire le choix de votre futur époux ou épouse, vous devez faire preuve d'une certaine maturité, particulièrement une maturité financière pour l'homme.

En ce qui concerne les mensonges, aucune raison ne peut les justifier. D'abord, le fait de mentir est déjà un péché. Ensuite, la conception païenne selon laquelle les mensonges sont des vertus quand cela fait du bien est tirée par les cheveux. Une relation fondée sur le mensonge ne peut pas survivre peu importe la façon dont vous le dissimulez.

Vous avez eu des enfants quand vous étiez plus jeune, dites-le à votre partenaire. Le problème est qu'une fois votre partenaire a la preuve que vous ne lui avez pas dit la vérité, sa capacité à vous faire confiance sera fortement ébranlée.

De plus, l'autre partenaire commencera à se poser plein de questions sur tout ce qui a été dit avant, ce qui mettra beaucoup de difficultés dans votre relation conjugale. Certains profèrent des mensonges sous le fallacieux prétexte de protéger l'autre partenaire. Il faut dire la vérité peu importe les conséquences potentiellement désagréables qui pourraient en résulter.

Vous faites plus de mal que de bien à la relation et à votre partenaire en disant des mensonges. Vous devez évaluer l'impact de votre mensonge quand il aura été détecté. S'il y a quelque chose que vous faites et que vous pensez que votre futur époux ou épouse ne doit pas le savoir, vous feriez mieux d'arrêter. Mentir à votre partenaire pourrait vous coûter votre mariage.

Ne vous adonnez pas dans des relations sexuelles avant mariage

Il y a beaucoup de fausses doctrines qui sont en vogue ces jours-ci, induisant en erreur de nombreux célibataires sur le concept du mariage. Certains disent que la jeune femme doit être enceinte avant que le jeune homme l'épouse. D'autres affirment que vous devez coucher avec lui pour vous assurer qu'il n'est pas impotent ou frigide avant de pouvoir l'épouser. Ces idéologies n'ont aucune base biblique, et nous ne devons pas permettre au système mondial d'infiltrer nos valeurs ou d'influencer notre croyance sur le sexe avant le mariage. La Parole de Dieu nous exhorte d'offrir nos corps comme un sacrifice vivant, saint et agréable à Dieu en nageant à contre-courant de ce monde perverti (Romains 12 : 1, 2).

Dieu veut que vous respectiez le corps qu'il vous a donné et que vous le traitiez de manière à l'honorer. Vous devez faire preuve de pureté tant sur le plan moral que sur le plan physique. En d'autres termes, nos sens doivent être soumis au contrôle total du Saint-Esprit.

Depuis que vous appartenez à Dieu, vous êtes devenu son temple, c'est-à-dire l'endroit où il habite. Cela signifie que vous avez la responsabilité solennelle de garder votre corps saint, car l'Esprit de Dieu vit en vous (1 Corinthiens 3 : 16, 17). Bien que vous ayez d'autres responsabilités en tant que chrétien, votre première responsabilité est de faire en sorte de demeurer comme un vase saint, pur et sanctifié, un lieu où Dieu puisse habiter. « Toi-même, conserve-toi pur... (1 Timothée 5 : 22).

Mes frères et sœurs, dès que vous commencez à coucher ensemble avant le mariage, vous avez automatiquement fermé la porte à la communication et à la bénédiction de Dieu, celui qui a institué le mariage. C'est un péché de s'adonner à des relatons sexuelles avec une personne avec laquelle vous n'êtes pas légalement marié. Ceux et celles qui le font feront face aux conséquences.

La Bible donne des instructions spécifiques contre les relations sexuelles avant le mariage parce qu'elles rendent ceux et celles qui s'y adonnent abominables aux yeux de Dieu. Elle interdit formellement toute autre forme de perversion sexuelle (1 Corinthiens 6 :15-20).

Remarquez quelles peuvent être les conséquences lorsque les principes de la pureté sont mis à l'écart. D'abord, ces personnes immorales peuvent contracter des maladies sexuellement transmissibles. De telles maladies ruineront non seulement votre santé, elles peuvent vous coûter votre vie mais elles peuvent aussi vous causer de la honte, ainsi que des tares permanentes, transmises par les parents aux enfants.

Quand bien même une personne ne contracte pas de maladie, le fait de s'engager dans des relations sexuelles avant le mariage présente pour elle d'autres risques. La femme court toujours le risque d'une grossesse non désirée. L'homme à son tour tout comme sa fiancée d'ailleurs, peut voir des changements physiques comme le trouble du sommeil, la perte d'appétit etc. cela peut, à la longue, affecter sa santé mentale à cause du stress et de l'anxiété et aboutir à la dépression. Cela peut aussi entrainer, sur le plan financier, des coûts inattendus liés aux responsabilités parentales comme les soins de santé et l'éducation de l'enfant.

Cela peut entrainer un scénario beaucoup plus abominable où le couple décide conjointement d'interrompre la grossesse par peur de ce que les autres pourraient dire, peur de ne pouvoir assumer leurs rôles parentaux, peur des sanctions de l'Église, peur des incertitudes et de leurs conséquences. Ce faisant, ils attirent encore plus le châtiment réservé à ceux et celles qui se permettent d'enfreindre les lois de Dieu sur ce sujet.

Lorsqu'il s'agit d'une grossesse qui résulte de l'immoralité, la jeune femme risque de devoir élever l'enfant avec beaucoup de difficultés en dehors des liens du mariage, sans la sécurité qui résulte normalement d'une union légitime. Or, tout enfant a besoin d'un foyer dans lequel il pourra bénéficier de l'attention et des soins de ses parents.

En revanche, certaines personnes utilisent le sexe pour garder l'autre et certaines femmes vont jusqu'à piéger leur partenaire en tombant enceinte, c'est une erreur grave ! Cette attitude manipulative est contraire à l'éthique et aux principes bibliques.

Si la femme vous aime vraiment, elle ne cherchera pas à vous tendre un piège et si l'homme vous aime vraiment il ne profitera pas de vous et part après. Il est primordial de construire des relations basées sur la confiance et la prière. Aux jeunes femmes chrétiennes et célibataires, ne cédez pas aux avances sexuelles des hommes, s'ils décident de partir pour cette raison, alors laissez-le faire. Je n'ai aucun doute que cet homme vous verra pour le reste de sa vie comme une femme vertueuse.

En effet, vous pouvez faire de votre mieux pour maintenir votre relation avec votre partenaire avec qui vous n'êtes pas encore marié(e), mais il n'en demeure pas moins que vous ne pouvez pas garder quelqu'un qui ne veut pas rester. S'il reste physiquement, il peut être absent émotionnellement. Je vous exhorte de lâcher prise en vous abstenant de vous vendre à bas prix en proposant du sexe, car le fondement d'un mariage heureux et qui résistera à l'épreuve du temps est l'amour.

Pour ce faire, vous aurez besoin d'une discipline qui se fait de plus en plus rare chez les jeunes, laquelle consiste à faire preuve de maîtrise de soi en effectuant un effort supplémentaire pour garder le contact physique au minimum. Vous ne devez pas faire confiance au fonctionnement du corps humain. Il est très puissant et une fois qu'il est lancé, il devient difficile de le mettre sous contrôle.

En effet, deux (2) personnes qui ne sont pas encore mariées, mais qui entretiennent une relation sentimentale, ne doivent pas dormir dans la même chambre sans la présence d'un adulte responsable. Elles doivent se rencontrer à la vue de tout le monde. Ceci n'est pas impossible. Dieu nous a donné un esprit qui nous différencie des animaux.

Veillez simplement à demeurer pur en pensant à votre santé physique, mentale et spirituelle. Il est nécessaire de briser toute relation dont l'immoralité est le fondement et de s'abstenir de recourir aux tactiques manipulatrices qui peuvent nuire à la confiance, au respect mutuel et à la stabilité de la relation. Ne pensez pas surtout que le manque de relations sexuelles avant le mariage vous sera nuisible. Au contraire, le fait de garder les valeurs morales établies par Dieu vous sera beaucoup plus bénéfique que l'indulgence envers vous-même.

CHAPITRE II

La Répartition Des Fonctions Dans La Famille Au Regard De La Parole De Dieu

Un individu ne se trouve peut-être jamais confronté à des ajustements aussi importants et variés, durant toute sa vie, que lorsqu'il se marie. Car cette relation unique, entre un homme et une femme, est un processus d'adaptation et une façon de vivre tout à fait différente de leur vie de célibataire.

Si la Bible déclare que celui qui a trouvé une femme a trouvé le bonheur (Proverbes 18 :22), cependant, nombreux sont ceux qui, après avoir prononcé les vœux du mariage sans tenir compte des lourdes responsabilités qu'un engagement comme celui-ci charrie derrière lui, se demandent si, après tout, c'est vraiment le bonheur qu'ils ont trouvé !

Deux (2) personnes qui se considèrent comme des adultes accomplis pourraient réaliser, une fois mariés, qu'ils ont encore beaucoup de choses à reconsidérer et améliorer. Des manquements, qui étaient latents auparavant, commencent à se faire remarquer. La personne qui, avant le mariage, ne pensait qu'à sa petite personne, doit désormais commencer à penser différemment. Ce n'est plus une question de « moi » sinon ce sera de l'égoïsme, ça devient une question de « nous deux ».

Les époux doivent se démarquer de toute illusion parce que construire un mariage heureux ne se fait pas au cours des quelques minutes que dure la cérémonie. C'est une affaire continue à laquelle il faut consacrer toute sa vie. Si vous avez bien compris que vous avez pas mal de responsabilités envers votre compagnon ou votre compagne, vous serez en mesure de faire toutes les adaptations nécessaires.

Lorsque deux êtres humains commencent leurs vies ensemble, en tant que mari et femme, ils vont découvrir bientôt que ce n'est pas un pari gagné d'avance parce qu'ils ont beaucoup de changements à effectuer en vue de s'adapter l'un à l'autre. La vérité est que chaque personne est unique, depuis leur patrimoine génétique, passant par la personnalité, les valeurs, les aptitudes naturelles, les compétences et talents jusqu'aux expériences de vie. En gros chaque personne a ses rêves, ses ambitions, ses frustrations et ses besoins qui lui sont spécifiques. Et ces différences ne se volatilisent pas simplement parce qu'un mariage vient d'être célébré. D'où l'importance des rôles de chacun des membres au sein du foyer.

L'importance du foyer pour les époux et leurs enfants

Le foyer est comparable à un petit gouvernement. Le père remplit la fonction de Président et la mère joue le rôle de Premier

Ministre. Les deux (2) travaillent conjointement en faisant des lois qui permettront à leurs enfants de s'épanouir dans un environnement tranquille. Ces lois doivent apprendre les enfants à vivre dans l'ordre et dans l'obéissance.

En effet, si un enfant peut se montrer soumis à la maison, il ne rencontrera aucune difficulté à adopter la même convenance envers les personnes qui ont autorité sur lui.

En revanche, le mari et sa femme qui vivent une vie pieuse devant leurs enfants, n'ont pas à craindre de les voir suivre leur exemple parce que, par leurs actes et leurs paroles, les parents prêchent par l'exemple et enseignent à leurs enfants les leçons qu'ils doivent apprendre. La Bible nous raconte qu'Amôn fit ce qui est mal aux yeux de l'Éternel, comme avait fait son père Manassé; il marcha dans toute la voie où avait marché son père, il rendit un culte aux idoles auxquelles son père avait rendu culte et se prosterna devant elles; il abandonna l'Éternel, le Dieu de ses pères, et il ne marcha pas dans la voie de l'Éternel (2 Rois 21 : 20-22).

A l'inverse, le roi Josaphat fut un bon roi dont l'enfance fut influencée par des parents modèles. L'Éternel fut avec Josaphat parce qu'il marcha sur les pas de David, son père et qu'il ne rechercha pas les Baals. Il rechercha au contraire le Dieu de son père et observa ses commandements à l'opposé de ce que faisait Israël (2 Chroniques 17 : 3, 4).

De ces enseignements bibliques, nous devons déduire que lorsque nous sommes sur le point de fonder une famille, pour ceux et celles qui ne l'ont pas encore fait, nous devons avoir la conviction que la plus grande influence des enfants, en matière de valeurs morales, de bien et de mal, est celle des parents.

C'est au cours des premières années de sa vie que se forment le caractère d'un enfant et les habitudes qu'il gardera durant toute sa vie. Si les parents de l'enfant ne sont pas chrétiens, leur influence réduira considérablement la possibilité que celui-ci devienne chrétien. En fait, ils risquent de s'éloigner davantage de Dieu.

Cependant, dans un foyer où Dieu est craint, et où l'amour, l'ordre et la discipline règnent, les enfants apprennent des leçons spirituelles qu'ils n'oublieront jamais. Les Saintes Écritures nous exhortent d'instruire l'enfant selon la voie qu'il doit suivre; et quand il sera vieux, il ne s'en détournera pas (Proverbes 22 : 6). Ils apprennent à être probes et intègres, afin qu'ils puissent être une bénédiction pour le monde dans lequel ils évoluent.

Le fait de ne pas disposer de grands moyens matériels ne signifie pas que le foyer n'est pas le lieu qu'il doit être, c'est-à-dire un lieu paisible, plein de bonheur où les membres de la famille manifestent de l'amour pour Dieu et se réjouissent mutuellement l'un avec l'autre. C'est la relation qui existe entre ses membres qui réchauffe le foyer, pas la quantité de biens.

Et pour pouvoir construire cette relation d'amour, ils doivent passer du temps ensemble. Le foyer est bien plus qu'un endroit où l'on vient manger et dormir. Les rapports familiaux sont tellement importants dans l'établissement du foyer que nous utilisons le terme « foyer » pour désigner la famille.

Dans ce chapitre, nous verrons le rôle de chacun des membres de la famille au regard de la Parole de Dieu. Nous analyserons aussi les rapports qui doivent exister entre les membres afin d'aboutir à une famille empreinte de bonheur.

Le rôle du mari

Dans la Bible, le rôle du mari est comparé à l'amour et à la sollicitude de Christ vis-à-vis de son Église, un rôle protecteur et empreint d'abnégation. Il est dit en Éphésiens 5 : 23 : « Car le mari est le chef de la femme, comme Christ est le chef de l'Église, qui est son corps, et dont il est le Sauveur ».

Il est évident que Dieu a placé le mari comme chef de la famille. Cela signifie qu'il est son représentant immédiat. Dieu a fixé également les règles en vertu desquelles l'époux doit décider pour sa famille. Son rôle de chef de famille ne doit pas être autoritaire, hautain ou condescendant envers la femme et les enfants, mais doit suivre l'exemple de Christ avec son Église.

Christ est le chef de la maison, cela veut dire que ses commandements y sont observés religieusement. En d'autres termes, c'est le mari qui a la responsabilité de s'assurer que les principes bibliques y sont mis en pratique.

« Je veux cependant que vous sachiez que Christ est le chef de tout homme, que l'homme est le chef de la femme, et que Dieu est le chef de Christ » (1 Corinthiens 11 : 3). Voilà pourquoi nous disons que, par transitivité, c'est le mari qui est la tête immédiate du foyer.

L'étymologie du mot « mari », qui vient du latin *maritus* n'apporte pas beaucoup d'éclaircissements en français. En revanche, l'origine du mot *mari* en anglais (husband) est plus explicite en ce sens que ce dernier vient d'un mot très ancien (house-band) qui se réfère à celui qui maintient, ou unit la maison ensemble.

Au regard du sens biblique du mot « mari » et les responsabilités données par Dieu à celui-ci, nous devons préciser que le mari remplit, entre autres, trois (3) fonctions à savoir leader, protecteur, pourvoyeur.

Le mari en tant qu'un leader

Le mot et le concept viennent de l'anglais *leader*. Le mot a fait son apparition au XIIe siècle en Angleterre. Néanmoins, il faut dire que l'origine du mot est beaucoup plus vieille que ça. Le mot *leader* vient du verbe anglais *to lead*, qui signifie mener. Un leader est donc un individu qui exerce une influence sur un groupe de personnes en vue de réaliser un objectif commun.

Autrement dit, le leader est celui qui est capable d'inspirer un groupe de personnes et de les influencer. Pour mener à bien sa mission, le leader doit faire montre d'un ensemble de qualités et de compétences adaptées. Il doit être une personne qui dirige par l'exemple afin de susciter une certaine motivation chez les autres pour le suivre.

Pris dans un sens chrétien et marital, le mari est un leader dont le leadership commence à partir de sa relation avec Dieu. Si l'homme est quelqu'un qui éprouve de la crainte pour le Seigneur, il saura se montrer à la hauteur des tâches que Dieu lui a confiées.

Le leader n'est pas quelqu'un qui quitte le navire pour la moindre peccadille parce que c'est lui qui doit donner le ton. En effet, le mari, en tant que leader, ne peut pas quitter la maison et, du même coup, abandonner sa famille parce qu'il en a marre des problèmes. C'est Dieu qui a placé le mari à la tête de la famille, il ne peut pas se désengager parce qu'on ne se désengage pas d'une alliance juste comme ça.

En outre, le leader est un fédérateur qui rassemble sa famille derrière lui en vue d'atteindre l'objectif commun fixé préalablement. Conséquemment, le mari est tenu d'accompagner sa femme et ses enfants dans la réalisation de leurs objectifs, car il guide ceux-ci vers leurs aspirations et leurs rêves.

Le mari en tant que leader ne doit pas être insouciant. Il doit être en mesure d'identifier certains besoins de la famille sans que personne ne doive obliger de complaindre.

Le leadership au niveau familial est l'une des conditions essentielles qu'un homme doit posséder pour devenir évêque. La Bible nous dit qu'il doit diriger bien sa propre famille, tout en gardant ses enfants dans la soumission et dans une parfaite honnêteté. Car un homme qui ne sait pas diriger sa propre maison ne pourra pas diriger l'Église de Dieu (1 Timothée 3 : 4, 5).

Dans cette même lignée, le mari doit instaurer un culte de famille afin d'aider sa famille à grandir spirituellement. Bien avant l'institution de l'Église, Dieu enseigna à l'homme que c'était la responsabilité de chaque père de conduire sa propre famille dans l'adoration en ce sens que l'homme devait être un sacrificateur pour sa famille.

Étant donné que Dieu est immuable, ses principes le sont tout aussi. C'est toujours la responsabilité du père d'instituer le culte familial. Lorsque les parents ainsi que leurs enfants se réunissent régulièrement pour lire la Bible et prier ensemble, ils croissent dans le Seigneur, mais aussi en compréhension et en amour les uns pour les autres. De plus, les dévotions familiales sont d'une importance capitale, notamment pour les enfants.

En mettant régulièrement ces dévotions familiales en pratique, le mari fait montre d'un leadership hors-pair parce qu'il conduit sa famille vers une voie bénie et enrichie. Les membres d'une telle famille seront ainsi mieux équipés pour faire face à toutes les difficultés qui peuvent surgir dans un foyer, en s'appuyant sur la grâce et l'aide indéfectible de Dieu.

Pour établir le culte familial, il est dans l'intérêt des membres de cette famille de choisir un moment où les autres activités ne risquent pas d'y faire obstacle. Car ça doit être une priorité. Cela peut se faire tôt le matin avant d'aller au travail ou le soir avant d'aller se reposer.

Il est possible de le faire également avant chaque repas afin de rendre grâce à Dieu, car la Bible nous dit que les aliments doivent être pris avec actions de grâces parce que c'est Dieu qui les a créés (1 Timothée 4 : 3).

La Bible nous dit que Dieu avait fait choix d'Abraham, afin qu'il ordonne à ses fils et à sa maison après lui de garder la voie de l'Éternel, en pratiquant la droiture et la justice, et qu'ainsi l'Éternel accomplisse en faveur d'Abraham les promesses qu'il lui a faites (Genèse 18 : 19). Au regard de ce passage biblique, Dieu nous demande de transmettre les valeurs chrétiennes à nos enfants.

L'éducation des enfants est un autre aspect de la responsabilité du mari et de son rôle de leader parce que leur développement moral et spirituel dépend en grande partie de l'exemple et de l'enseignement qui leur sont donnés à la maison. L'éducation de l'enfant commence dans le foyer. La Parole de Dieu nous fait savoir qu'un enfant insensé fait le chagrin de son père, et l'amertume de celle qui l'a enfanté (Proverbes 17 : 25).

A l'inverse, un fils sage fait la joie de son père (Proverbes 15 : 20). Nous devons corriger nos enfants sans toutefois désirer de le faire mourir (Proverbes 19 : 18). Le mari doit se préparer pour corriger ses enfants pendant qu'ils sont suffisamment jeunes pour pouvoir apprendre. Dans le cas contraire, il les aide à se détruire eux-mêmes. Le mari doit se vêtir de son costume de prophète pour prophétiser de bonnes choses sur sa famille, sur les enfants.

C'est de la responsabilité du leader (le mari) de dire « Moi ma maison servirons l'Éternel » (Josué 24 : 15).

L'homme, en tant que chef immédiat de famille est responsable devant Dieu et doit rendre compte de tout ce qui arrive dans son foyer. Rappelez-vous d'Adam et Eve après avoir mangé le fruit défendu. C'est à Adam que Dieu s'adressa d'abord, car il était le chef de famille. Adam s'empressa d'accuser sa femme, mais Dieu les punit tous les deux (2).

En tant que leader, le mari doit donner l'exemple en s'abstenant de succomber à la tentation. En agissant ainsi, il aidera sa famille à vaincre elle aussi la tentation. Il ne doit pas chercher quelqu'un sur qui fait reposer les torts en cas d'échec d'un projet familial, car le leader est toujours responsable.

C'est pourquoi il est important pour les jeunes chrétiennes célibataires d'interroger leur futur partenaire afin de s'assurer que l'homme en question est responsable et que vous pouvez lui confier la destinée de la famille que vous allez constituer par le mariage. Il faut prendre suffisamment de temps pour apprendre à connaître cet homme, comprendre sa vision et voir si ça répond à vos aspirations. Il doit avoir de l'intégrité, de l'éthique, une capacité à communiquer clairement, à prendre de bonnes décisions et à gérer les conflits.

Le mari en tant que protecteur

La Bible nous parle de ce besoin que ressent l'homme en permanence : celui de protéger. Lorsque Néhémie voulait motiver les hommes qui étaient avec lui en vue d'ériger le mur, il leur a demandé de combattre pour leurs fils et leurs filles, leur femme et leur maison (Néhémie 4 : 14). Le mari a besoin d'être un protecteur. C'est quelque chose que Dieu a mis en tous les hommes.

La protection de la femme par son mari est l'essence même de la hiérarchie familiale. Dieu a organisé la famille afin que l'homme soit au-dessus de son épouse pour la protéger.

Comme l'Église peut compter sur Jésus, l'épouse doit pouvoir compter sur son mari en tout temps. Elle doit être assurée que celui-ci est prêt à tout pour elle, dans les limites du respect de la parole de Dieu. Son mari lui doit protection contre tous les dangers notamment ceux qui sont imminents.

Un protecteur ne peut pas attendre sa femme pour venir faire à manger pour la famille alors qu'il est à la maison en train de regarder la télé ! Il revient au mari de s'occuper régulièrement de l'élimination des déchets.

La femme ne doit jamais se sentir mise en concurrence avec une autre, comparée ou dénigrée par son mari. Dans ses relations sociales et/ou professionnelles, le mari ne doit pas être soupçonné. Il ne doit pas laisser la moindre ambiguïté. Le mari n'est intime avec aucune autre femme que la sienne.

L'époux doit protéger sa famille contre sa propre famille d'origine, contre tout ennemi, contre tout ce qui peut empêcher l'épanouissement de la famille. En somme, le mari comme leader devrait garantir une protection mentale, émotionnelle, financière et spirituelle.

L'ennemi peut être un ami, une sœur, un frère, et même un membre de la famille d'origine de la femme. Le mari doit défendre sa femme contre toutes ces personnes si elles sont animées de mauvaises intentions parce qu'il est d'abord et avant tout un protecteur pour sa famille. Messieurs, sachez que vous n'avez pas été marié avec quelqu'un d'autre que votre femme. Elle doit être en conséquence votre priorité.

Si votre mère, votre sœur et votre frère vous aiment, ils doivent respecter votre femme, car vous avez quitté la maison de vos parents pour vous attacher à votre femme. Vous devez protéger votre famille contre toute campagne de dénigrement.

Ils sont légion les cas où un membre de la famille de l'un des époux veut à tout prix briser les liens du mariage parce que le sien n'a pas pu tenir. Une personne divorcée ou séparée aura tendance à vous conseiller au regard de ses expériences.

L'époux doit être persuadé qu'il est le potentiel fusible de la famille et qu'en cas d'un choc quelconque, c'est lui qui doit brûler. Christ est le chef de l'Église, il a joué le rôle de fusible à la croix afin que nous puissions libérer du fardeau du péché. D'où la nécessité du parallèle entre Christ et l'Église et le mari et la femme.

Relativement aux enfants, le mari leur doit protection en les surveillant constamment. Vous rentrez du travail, vous devez rentrer dans la chambre des enfants pour vérifier qu'ils sont effectivement à la maison. Il veille sur les enfants en s'informant régulièrement auprès des enseignants de leur conduite à l'école.

Avant d'aller vous coucher, le protecteur (le mari) doit s'assurer que toutes les portes et les fenêtres sont bien verrouillées et que tout le monde est à l'intérieur de la maison.

Quand c'est le temps de faire la lessive, assurez-vous de bien vider le sac et les vêtements des enfants et vérifier les objets qui sont dans ceux-ci. Quand ils vont à l'école, vérifiez que leurs vêtements sont propres.

La Bible décrit la femme comme étant un sexe plus faible (1 Pierre 3 : 7). De ce fait, Dieu s'attend à ce que l'homme protège sa femme et en prenne soin, car il y a des moments qu'elle a besoin de l'attention et de la considération de son mari en vue de se sentir protégée. C'est dans cet ordre d'idées que le mari pourra se comporter effectivement comme un protecteur.

Le mari en tant que pourvoyeur

Selon le plan de Dieu, l'homme doit travailler et pourvoir aux besoins de sa propre famille. Il doit, entre autres, nourrir, loger, vêtir les membres de sa famille. De ce fait, la Bible déclare que si un homme ne prend pas soin de sa famille, il a renié la foi, et il est pire qu'un infidèle (1 Timothée 5 : 8).

En sa qualité de pourvoyeur de la famille, le mari doit faire preuve d'altruisme. Il s'engage à fournir à cette dernière tout ce dont elle a besoin pour vivre. C'est lui qui doit approvisionner la maison parce c'est là qu'incombe la responsabilité de pourvoir aux besoins des siens.

Pour ce faire, le mari ne doit pas être un fainéant qui redoute le travail acharné. La Bible exhorte les paresseux de suivre l'exemple de la fourmi, qui n'a ni chef, ni inspecteur, ni maître; qui prépare en été sa nourriture en amassant pendant la moisson de quoi manger (Proverbes 6 : 6-8).

Depuis le péché originel d'Adam et Eve, Dieu a sanctionné les hommes en déclarant que c'est à force de peine qu'il en tirera sa nourriture tous les jours de sa vie (Genèse 3 : 17). L'écriture paraphrasée du verset 19 nous fait savoir que l'homme doit durement travailler pour gagner le pain quotidien jusqu'à ce qu'il retourne dans la terre. De surcroît, l'homme était chargé de cultiver le Jardin d'Éden en vue de continuer à le faire fructifier (Genèse 2 : 15).

De nos jours, plus d'un cherchent des femmes qui disposent de grands moyens financiers pour se marier. Si vous faites partie de cette catégorie, sachez que les prouesses économiques de la femme n'enlèvent en rien le rôle de pourvoyeur de son mari, car une femme qui travaille pour aider la famille est un atout, ce n'est pas une obligation au regard de la Parole de Dieu.

Il se peut que votre femme ait un meilleur salaire que vous, la responsabilité de pourvoir reste et demeure la vôtre. Un chef de famille ne peut pas craindre le travail, à moins que vous ayez un handicap ou une maladie quelconque vous empêchant de travailler. D'ailleurs, avant même de penser au mariage, le jeune garçon doit penser d'abord à un travail pour qu'il puisse subvenir aux besoins des siens.

Le rôle de pourvoyeur du mari ne concerne pas que les besoins matériels et financiers. Il concerne également les besoins de conseils, de guidance et de support de toutes sortes. En effet, le mari se doit d'être le meilleur ami de sa femme.

C'est extrêmement dangereux pour un mariage quand un homme est motivé et attiré par les moyens économiques de sa femme. C'est comme si les rôles étaient inversés dans le foyer. Ce qui est une désobéissance à la Parole de Dieu. Du coup, cet homme sera dans l'impossibilité de jouer son rôle de leader et risquera de perdre son respect dans le foyer.

Je ne suis pas en train de vous dire que le jeune garçon célibataire qui veut se marier ne devrait pas avoir ses propres critères pour choisir sa future femme. Néanmoins, l'intérêt ne peut pas être essentiellement matériel ou économique.

Le mari doit aimer sa femme

Une vie heureuse dans un foyer n'est possible que si l'amour y règne. En ce sens, le mari devrait donc considérer sa femme comme une bénédiction pour lui, remercier le Seigneur quotidiennement de la lui avoir donnée et fait tout ce qui est dans son pouvoir pour la tenir heureuse et être heureux avec elle. Autrement-dit, l'homme marié doit prendre le temps de jouir de la présence et de l'amour de sa femme.

La Bible prodigue un excellent conseil au mari : « fais ta joie de la femme de ta jeunesse » (Proverbes 5 : 18). Cela implique que le mari doit aimer sa femme fidèlement et lui pardonner selon les Saintes Écritures. L'amour du mari pour sa femme ne doit pas être conditionné à ce qu'elle devrait être ou de ce qu'elle devrait lui offrir. Il doit l'aimer telle qu'elle est.

Une épouse ne doit jamais douter qu'elle a beaucoup de valeurs aux yeux de son mari. Elle doit pouvoir tenir pour indéfectible son amour, qu'il lui prouve quotidiennement en paroles et en actes.

Sachant que l'amour unissant un homme à sa femme est tout à fait particulier, Dieu nous donne la possibilité, par le mariage, de vivre l'amour dans sa plus grande dimension. Pour son mari, la femme surpasse toutes les autres parce qu'elle est devenue sa compagne pour la vie. Il doit donc l'aimer comme si elle faisait partie de son propre corps.

Nous devons suivre l'exemple parfait d'un amour dépourvu d'égoïsme que Christ démontre à son Église. Rappelez-vous que Jésus a offert sa vie pour nous, c'est pourquoi Dieu demande aux maris d'aimer leurs femmes de la même manière. « Maris, aimez vos femmes, comme Christ a aimé l'Église, et s'est livré lui-même pour elle » (Éphésiens 5 : 25).

Si un mari démontre un amour véritable pour sa femme comme il aime sa propre personne, il ne pourra lui faire le moindre mal sans se causer du tort à lui aussi. Il s'efforcera dès lors à la protéger de tout ce qui pourrait lui nuire : il épargnera sa femme de toute souffrance et veillera à son bien-être.

« Celui qui aime sa femme s'aime lui-même. Car jamais personne n'a haï sa propre chair; mais il la nourrit et en prend soin, comme Christ le fait pour son Église, parce que nous sommes membres de son corps » (Éphésiens 5 : 28-30).

Un amour véritable gardera le foyer à l'abri de tous dangers et permettra au couple de jouir d'une connexion capable de résister aux épreuves du temps.

En effet, celui qui aime sa femme a en horreur le divorce et ne voit pas l'intérêt de rechercher la compagnie d'autres femmes. La parole de Dieu nous dit ceci en Colossiens 3 : 19 : « Maris, aimez vos femmes, et ne vous aigrissez pas contre elles ».

Celui qui aime est patient, il sait donc attendre. Il est serviable, rempli de bonté et de bienveillance. Le mari qui aime cherche à être constructif et se plaît à faire du bien à sa femme.

L'amour vrai n'est pas possessif, il ne cherche pas à accaparer, il est libre de toute envie, il ne connaît pas donc la jalousie.

Aimer, c'est aussi se comporter avec droiture et tact. L'amour n'est pas dédaigneux, il doit prendre des égards en évitant de blesser ou de scandaliser. Le mari qui aime sa femme véritablement ne saurait agir à la légère ou commettre des actes malhonnêtes qui pourraient être perçus par sa femme comme une trahison.

Aimer sa femme, c'est penser d'abord à elle en reléguant ses intérêts personnels et ses droits. L'amour couvre tout, il souffre, endure et excuse. Aimer, c'est faire confiance à sa femme en attendant le meilleur d'elle.

Si jamais les tensions et les vicissitudes de la vie ont tendance à affaiblir votre amour, n'hésitez pas à en parler au Seigneur à travers la prière. Demandez-lui de fortifier votre amour pour votre femme, car il est Dieu, il est amour.

Plus vous vous abandonnerez entre ses mains, plus il augmentera en vous l'amour pour votre famille, et vous verrez alors s'intensifier le bonheur de votre foyer. Un auteur a dit avec exactitude : « la famille qui est unie dans la prière, reste unie pour la vie ».

Le rôle de la femme

Une femme remplie de sagesse, est celle qui sait que son rôle d'épouse implique de grandes responsabilités, et a qui Dieu peut révéler le genre de femme qu'il désire qu'elle soit. Elle doit être prête à l'écouter et elle reconnaît les règles que Dieu a établies pour qu'un mariage soit heureux. Elle apprend aussi à les mettre en pratique.

La Parole de Dieu fait très bien la distinction en ce qui concerne la place de l'homme et de la femme dans le foyer. C'est de cela que dépend l'harmonie d'un mariage en général, d'un mariage chrétien en particulier.

Tandis que le mari reçoit son autorité de Dieu pour protéger son foyer et particulièrement sa femme, la femme, à son tour, reçoit de Dieu la capacité de soutien et de gestion du Foyer. Elle constitue donc le premier support du mari dans sa carrière, ses projets et, le plus important, dans sa vision. Pour pouvoir bien remplir   ses fonctions, la femme a besoin de faire preuve d'attention, de soumission et de respect envers son mari.

La femme doit être soumise à son mari

L'une des premières responsabilités de la femme dans le foyer est de se soumettre à son mari. En effet, La Parole de Dieu donne un excellent conseil aux femmes mariées : « Femmes, soyez soumises à vos maris, comme au Seigneur » (Éphésiens 5 : 22).

La soumission au mari est une preuve de respect pour la Parole de Dieu, donc pour Dieu lui-même. C'est démoniaque de se révolter contre une autorité que Dieu a établie. C'est même identique au comportement de Satan quand il s'est soulevé contre l'autorité de Dieu. La Bible rapporte que Sara avait l'habitude d'appeler Abraham « mon seigneur » (Genèse 18 : 12). L'apôtre Pierre nous a fait savoir que ce surnom a été donné à Abraham par sa femme en signe d'obéissance et de soumission (1 Pierre 3 : 6).

Je veux m'adresser aux jeunes femmes célibataires chrétiennes, ne vous laissez pas influencée par le mouvement diabolique qu'est le féminisme. Dans le cas contraire, il serait préférable de rester dans le célibat. Il est évident que le mari et la femme ne sont pas égaux dans le foyer. Le mari est le chef de la famille, sa femme lui doit respect et soumission.

Une entreprise a besoin de définir un organigramme hiérarchique pour bien fonctionner. Dieu, le créateur de la famille, est un Dieu d'ordre et a placé l'homme pour diriger la famille depuis dans le Jardin d'Éden.

Que vous ayez un meilleur salaire que votre mari; que vous soyez plus âgée que lui; que vous ayez une profession socialement mieux valorisée que celle de votre mari; que vous soyez intellectuellement plus avancée que lui; dès que vous acceptez de l'épouser, vous lui devez respect et soumission parce vous avez pris un engagement devant Dieu.

Les hommes, par nature, ne tolèrent pas la condescendance de la femme. Si une situation ne vous plaît pas, vous devez exprimer votre mécontentement à votre mari avec révérence. Vous devez faire montre d'une certaine maîtrise de soi en refusant de désapprouver votre chef.

De plus, une femme mariée ne peut pas sortir de chez elle sans que son mari ne soit pas informé. Votre mari peut vous interdire certaines amitiés s'il estime que celles-ci constituent une menace pour sa famille. Si vous êtes chrétienne et que votre mari ne l'est pas, il peut même s'opposer à ce que vous vous rendiez à l'église. D'où l'intérêt de ne pas épouser un païen.

Cependant, le seul cas où la Bible vous autorise à confronter votre mari, est au niveau de votre foi chrétienne. Votre mari est le représentant immédiat de Dieu dans le foyer, mais il n'est pas l'égal de Dieu. Ainsi, vous pouvez refuser de porter des vêtements qui exposent votre corps publiquement juste pour lui faire plaisir. N'acceptez jamais de vous livrer dans des pratiques sexuelles impudiques pour le plaisir de votre mari parce que votre Salut en Jésus-Christ est plus important que tout.

De plus, votre soumission peut amener votre mari à accepter Christ s'il est un inconverti. En revanche, votre arrogance peut développer chez lui une haine pour l'évangile de Jésus-Christ. Tant que votre foi chrétienne n'est pas menacée, votre mari reste et demeure votre chef, vous lui devez respect et soumission.

Respecter et aimer son mari

Il existe un débat doctrinal entre les théologiens sur le devoir principal de la femme. Certains disent que le rôle principal de la femme est de se soumettre à son mari. D'autres affirment que le devoir principal de la femme est d'aimer et respecter son mari.

Plutôt que de rechercher à déterminer le devoir principal de la femme, il est peut-être plus important de se rappeler de la place qu'occupent, dans les Saintes Écritures, l'amour et le respect que se doivent mutuellement les époux. Sans ces éléments essentiels, le mariage a peu de chances de réussir, il n'a pas une base solide.

Quand un homme et une femme s'engagent par les liens du mariage, en ayant en tête qu'il est l'œuvre de Dieu, établi selon le modèle de la relation entre Christ et son Église (Éphésiens 5 : 21-33), ils bâtissent sur un fondement solide et stable.

L'apôtre Paul écrivit à Tite pour lui rappeler aussi d'instruire les femmes âgées à bien se comporter elles-mêmes comme des femmes pieuses en vue d'apprendre aux jeunes femmes à **aimer leurs maris** et leurs enfants (Tite 2 : 4, 5). De ce fait, nous voyons très clairement que Dieu s'attend à ce que les femmes aiment leurs maris. Ce qui doit déboucher sur la soumission.

La femme qui veut vraiment obéir à Dieu ne rencontrera aucune difficulté à respecter et à se soumettre à son mari. Il faut aussi retenir que sa volonté d'obéir dépend, en grande partie, de son amour pour son mari, mais également de la manière dont le mari se conforme au modèle laissé par Christ pour le chef de la famille.

Étant donné que le mari est le chef de la famille, la Bible exhorte la femme à lui adresser avec respect (Éphésiens 5 : 33). La façon dont parle une femme peut être, soit un sujet de joie et exemple pour son mari, ses enfants et d'autres personnes, soit un sujet de chagrin pour tous ceux et toutes celles qui entendent même le son de sa voix.

La Bible nous dit ce qui suit : « Mieux vaut habiter à l'angle d'un toit, que de partager la demeure d'une femme querelleuse » (Proverbes 21 : 9). En clair, une femme querelleuse rend malheureuses toutes les personnes qui se trouvent dans la maison. Et les enfants qui grandissent dans cette atmosphère au foyer, auront tendance à suivre cet exemple, et à utiliser le même langage lorsqu'ils seront mariés.

Proverbes 31 donne des qualités qu'une bonne épouse doit posséder. Premièrement, elle doit avoir la crainte de l'Éternel (Verset 30). Ce genre de femme est difficile à trouver et elle a beaucoup plus de valeurs que les perles (Verset 10). Elle fait du bien, et non du mal, à son mari tous les jours de sa vie (Verset 12). Elle doit être fidèle à son mari. La fidélité conjugale est une obligation pour les deux (2) époux. Il est précieux pour un mari d'avoir confiance en sa femme (Verset 11) et une femme, avec toutes ces qualités, surpasse les autres (verset 29).

Les paroles grossières sont à bannir dans des familles chrétiennes. Le mari et sa femme ne devraient ni se harceler ni s'irriter mutuellement par des plaintes ou des réprimandes. Il est évident qu'une femme, qui aime et respecte son mari, ne ridiculise, critique ou réprimande celui-ci. Son humeur et ses sentiments du moment ne sauraient changer les fondements du mariage.

En outre, la Bible met en garde les femmes qui passent leur temps à répandre des commérages et à se mêler des affaires d'autrui dans 1 Timothée 5 : 13. En revanche, les paroles douces et gentilles, remplies d'affection, ainsi que la jovialité et l'entrain d'une épouse, exerceront une influence remarquable sur toute la maisonnée. La femme doit ouvrir sa bouche avec sagesse afin que son mari puisse lui donner des louanges (Proverbes 31 : 26, 28).

Les devoirs des enfants

L'un des rôles essentiels du foyer consiste à accueillir des enfants et de pourvoir ensuite à leur développement. A cette phase, les parents sont alors appelés à partager des responsabilités qui les rapprochent l'un de l'autre et qui viennent sceller leur union. Les enfants complètent la satisfaction apportée par le mariage. Ils sont en quelque sorte la cerise sur le gâteau. La Bible les appelle les bénédictions de Dieu (Psaumes 127 : 3).

Cela ne veut pas dire que les couples sans enfant soient maudits par le Seigneur. Si le fait de ne pas avoir d'enfant reste une chose triste, la Bible condamne cependant le comportement du mari qui répudie sa femme parce qu'elle ne lui a pas donné d'héritier. Quant à la femme, elle ne peut pas divorcer ou séparer de celui qu'elle rend responsable de sa stérilité.

Si l'un des objectifs du mariage est de donner naissance à de nouveaux êtres humains, on ne peut se permettre de l'annuler parce que l'un des deux (2) conjoints est atteint d'une insuffisance physique le rendant stérile. Si vous lisez ce livre et que votre mariage est dans cette phase, rappelez-vous de l'histoire d'Abraham et de Sara (Genèse 20 et 21).

La Bible nous donne un cortège d'exemples de couples sans enfants, et dans chacun des cas, les personnes concernées ont prié et ont cherché la face du Seigneur. Tandis que Zacharie, le sacrificateur, était dans le temple, un ange vint lui annoncer que ses prières avaient été exaucées et qu'Élisabeth allait avoir un fils (Luc 1 : 13). Anne pria pour mettre au monde un fils et Dieu lui donna Samuel qui, par la suite, allait dominer sur Israël (1 Samuel 1 : 11-13).

D'autres familles se contentent d'adopter un ou plusieurs enfants, et elles sont bénies pour avoir offert un foyer à des petits enfants souvent défavorisés. Ces enfants ainsi que leurs parents adoptifs témoignent un profond amour mutuel, d'autant plus qu'ils sont un sujet de joie l'un pour l'autre.

Étant donné que les enfants sont une bénédiction pour les parents, leur devoir premier consiste à respecter leurs parents en obéissant aux principes que ces derniers ont établi dans la maison. Nous allons parler des devoirs des enfants dans les paragraphes qui suivent.

Respect et obéissance à leurs parents

Lorsque nous considérons l'importance qui est accordée à l'obéissance dans les Saintes Écritures, Il n'est pas étonnant d'y constater que le seul commandement s'adressant aux enfants est le suivant : « Enfants, obéissez à vos parents ». (Éphésiens 6 : 1-4) L'une des plus importantes leçons qu'un enfant doit apprendre est le respect de l'autorité. Et cette leçon doit commencer au foyer.

Jésus est le modèle parfait en matière d'obéissance au Père céleste pendant son passage sur cette terre. Il a rendu le Salut possible pour toute l'humanité par amour pour nous et par obéissance à son Père. Le Fils de Dieu faisait toujours ce qui était agréable aux yeux de son Père (Jean 8 : 29) et c'est de ses parents terrestres qu'il a appris premièrement la notion d'obéissance (Luc 2 : 51).

En effet, le cinquième des dix (10) commandements tracés par la main de l'Éternel s'adresse aux enfants (Exode 20). De plus, c'est le seul qui est assorti d'une promesse. Jésus l'a répété en Matthieu 15 : 4 et l'apôtre Paul l'a lui aussi mentionné dans ses écrits :

Enfants, obéissez à vos parents selon le Seigneur, car cela est juste. Honore ton père et ta mère est le premier commandement accompagné d'une promesse : afin que tu sois heureux et que tu vives longtemps sur la terre (Éphésiens 6 : 1-3).

Les enfants doivent honorer leurs parents en les respectant et en leur obéissant. Quand un enfant s'adresse à ses parents avec insolence, ignore leurs instructions en faisant semblant de ne pas les entendre ou encore les frappe quand il est corrigé ou discipliné, cela constitue une violation flaglante des principes énoncés dans l'un des dix (10) commandements.

Il faut rappeler qu'à l'époque de l'Ancien Testament, la désobéissance envers les parents était comme une très grave offense, pouvant même entrainer la mort. De ce fait, il fallait juguler l'expansion d'un esprit de désordre généralisé et de désobéissance qui deviendraient une menace pour la société.

Si tous les enfants respectaient et obéissaient à leurs parents, le nombre inquiétant des criminels que nous connaissons aujourd'hui, serait réduit de plus de quatre-vingts pour cent (80%). Les fils et filles, qui font preuve de sagesse, choisiront d'obéir à leurs parents, les rendant ainsi fiers d'eux (Proverbes 10 : 1).

Ceux et celles qui n'ont pas grandi dans un environnement où le respect de l'autorité parentale est primordial, auront bien du mal à respecter l'autorité de qui que ce soit. Jusqu'à ce que les enfants atteignent l'âge adulte légal, les Lois de Dieu et celles du pays de résidence de la famille donnent au père et à la mère toute autorité sur eux.

En outre, s'il est vrai qu'avoir un enfant est une bénédiction pour une famille, Dieu, lui qui donne des enfants, s'attend à ce que les parents s'occupent d'eux avec amour. La venue d'un enfant au monde signifie qu'il y a une mère qui a souffert. De plus, la majorité des parents consentent d'énormes sacrifices, parfois ils se privent eux-mêmes de leurs propres besoins pour répondre aux besoins de leurs enfants.

En respectant les principes qui leur sont inculqués par leurs parents, les enfants coopèrent et obéissent à Dieu sans le savoir. L'amour, le respect et l'obéissance sont les plus grands signent de remerciement qu'un enfant puisse témoigner à ses parents pour leur éducation et sacrifices.

Les parents sont des gens expérimentés comparativement à leurs enfants. Vous qui êtes enfant et qui lisez ce livre, vos parents comprennent votre situation mieux que vous pouvez l'imaginer. En tant que votre protecteur naturel, ils sont les meilleurs conseillers que vous avez sur votre parcours. Vous devez savoir que vos parents sont plus forts et plus sages que vous peu importe leur niveau d'éducation.

Plus d'un méprisent leurs parents parce que ceux-ci sont pauvres et sans éducation. Je dois préciser pour certains d'entre ces jeunes gens qu'ils sont la cause de la pauvreté et du manque d'éducation de leur père et mère. Dans leur soif de vous donner une belle vie, et une bonne éducation, ils se sont complètement oubliés et effacés. Ils ont tout donné! Leur temps, leur argent, leur sommeil et leurs forces. Ils l'ont fait sans relâche et sans se plaindre. En retour ils méritent votre amour, votre obéissance et votre respect. Ils méritent d'être valorisés!

Les enfants qui traitent leurs parents avec dédain et insolence pour quelque raison que ce soit, non seulement leur font du mal, mais ils se font du mal aussi. « L'homme bon fait du bien à son âme, mais l'homme cruel trouble sa propre chair » (Proverbes 11 : 17).

Être toujours prêts à aider leurs parents

Si les parents, particulièrement les chefs de famille, doivent travailler pour subvenir aux besoins de leur famille, les enfants, de leur côté, peuvent participer aux tâches domestiques. Très souvent, les parents préfèrent, accomplir un travail eux-mêmes, plutôt que d'apprendre aux enfants à le faire, à force de vouloir les protéger.

Pourtant, les enfants qui ont grandi, en se rebellant contre l'autorité, sont très souvent ceux qui ont bénéficié de trop de temps libres, et qui n'ont pas appris, dans leur foyer, à prendre des responsabilités. Un jeune enfant a besoin du temps pour se récréer. Néanmoins, au fur et à mesure qu'il avance en âge et se rapproche de l'âge adolescente, le temps qu'il passe à travailler doit augmenter proportionnellement.

Il serait plus facile pour une personne d'assumer des responsabilités si elle avait l'habitude de le faire étant enfant issu d'un foyer où tout le monde devait travailler. Les jeunes qui sont encore chez leurs parents, mais qui contribuent aux dépenses du ménage font preuve de compréhension de la notion de responsabilité en dépit de leur jeune âge. Parents, enseignez à vos enfants la valeur du travail, pour qu'ils puissent être mieux responsables dans la vie.

CHAPITRE III

Les Conflits Familiaux
Et Leurs Sources

Il est important d'avoir des relations familiales soutenues et solides tout au long de la vie commune. Toutefois, les besoins des membres de familles changent constamment. De ce fait, il est normal que le mari et sa femme n'abordent pas dans le même sens tous les sujets.

D'emblée, nous devons préciser qu'il est possible d'avoir de très fortes relations familiales sans avoir de disputes. Pour ce faire, les époux doivent savoir comment gérer et traiter leur différence. Autrement-dit, vous devez éviter tout ce qui pourrait envenimer un point de désaccord en les transformant en conflit.

Les différences ne sont pas forcément négatives pour un couple. C'est même nécessaire et vital pour la vie de famille. De plus, il est indispensable d'avoir des différences dans la vie en ce sens que tout le monde est unique en son genre. On n'a pas forcément la même éducation et les mêmes goûts. Relativement à ce sujet, la Bible nous dit ce qui suit : « Comme le fer aiguise le fer, ainsi un homme excite la colère d'un homme » (Proverbes 27 : 17).

Si les points de désaccords sont bien traités, ils seront bénéfiques pour le couple. Dans le cas contraire, cela va produire des querelles qui ne sont pas de bonnes choses.

Par ailleurs, la procréation, telle que nous la connaissons, est l'œuvre d'une différence entre l'organe et l'appareil reproductifs des hommes et ceux des femmes. De cette différence, la femme peut tomber enceinte et mettre un enfant au monde. D'où l'importance de la différence.

Les différences n'occasionnent pas forcément des disputes, ces dernières sont plutôt le fruit de désaccords qui n'ont pas été bien gérés. D'ailleurs, lorsqu'un couple atteint une phase de maturité, les disputes deviennent de plus en plus rares.

Les familles chrétiennes ne doivent pas fuir les points de friction. S'ils ne sont pas traités, ils vont générer de la frustration sur le long terme en ce sens que le conjoint qui se tait et encaisse, n'est pas une caisse de résonnance. Au bout de quelques temps, cela finira par s'exploser et du même coup causer beaucoup de dégâts. Ces situations sont à bannir dans un couple chrétien.

Vous devez savoir que le mariage est synonyme de tolérance, d'acceptation de l'autre avec ses différences. Si les membres d'un couple chrétien savent aborder leurs différences, ils ne rencontreront aucune difficulté à comprendre qu'il s'agit de quelque chose qui fait du bien au couple.

Lorsque Dieu ne règne pas en autorité dans une maison, la vie de famille n'est pas toujours facile. Surmonter les conflits de manière générale n'est pas toujours évident. Parfois, les familles se trouvent confrontées à des difficultés qui, elles-mêmes, peuvent être source de conflits.

Les défis peuvent varier d'une famille à une autre. Toutes les familles peuvent, de temps à autre, avoir des conflits. Ce ne sont pas les conflits comme tels qui sont problématiques, mais les moyens mobilisés par les familles pour les gérer.

Les conflits peuvent apparaître à toutes les étapes de la vie de famille. Nous devons rappeler que le premier conflit familial a eu lieu dans le jardin d'Eden lorsqu'Adam avait dit à Dieu qu'il n'a pas mangé le fruit défendu de sa propre volonté et du même coup avait accusé sa femme, Eve (Genèse 3 : 12).

Les conflits sont souvent générés par des difficultés majeures de la vie telles que les problèmes financiers, l'éducation des enfants ainsi que le manque de communication et l'interférence des familles dans les affaires du couple.

Le problème financier dans la vie de famille

Mes frères et sœurs, il ne fait aucun doute que l'argent occupe une place importante dans la vie d'une famille et peut y participer, dans une certaine mesure, à un degré de bien-être. Cependant, une mauvaise gestion de celui-ci peut rapidement devenir une source de stress et de conflits. D'ailleurs, nombreuses sont les études dans lesquelles l'argent est cité comme l'une des premières causes de divorce.

D'un point de vue chrétien, la réussite financière ne consiste pas uniquement à accumuler de grosses sommes d'argent, mais aussi à faire en sorte que Dieu trouve honneur dans ces richesses. La Bible nous fait savoir que nous devons honorer l'Éternel avec nos biens, et avec les prémices de tout notre revenu (Proverbes 3 : 9). C'est pour cela qu'il est important de bien gérer son argent.

La façon dont vous gérez vos finances est un indicateur de votre relation avec Dieu. Jésus a prodigué un excellent conseil aux gens qui lui suivaient, dans cette écriture paraphrasée : « Si quelqu'un veut bâtir une tour, il doit d'abord calculer les dépenses en vue de vérifier s'il a les moyens de son ambition » (Luc 14 : 28). En d'autres termes, la planification financière n'est pas sans importance aux yeux de Dieu.

Les opinions divergentes sur la façon de dépenser l'argent, le montant à dépenser ou à économiser entrainent souvent des conflits entre le mari et sa femme, spécialement dans les couples à faibles revenus. Autrement-dit, l'argent est, dans une bonne partie des cas, la cause de querelles dans le ménage.

Si les différends persistent, les conjoints ont tendance à mutualiser les critiques et à camoufler leurs dépenses. Un mari chrétien ainsi que sa femme chrétienne ne peuvent pas agir de cette manière parce qu'elle est contraire à la Parole de Dieu. C'est pourquoi on a parlé préalablement de l'importance pour le couple de cultiver une bonne habitude de communication.

Même si le mari n'a pas un bon salaire, il doit continuer de pourvoir aux besoins matériels de la maisonnée. La femme, en revanche, dans son rôle de soutien, doit être consciente de la situation et éviter d'être exigeante envers son mari. C'est au contraire dans ces moments qu'il faut faire preuve d'une bonne compréhension. Et en cas de difficultés financières inattendues, elle doit aider son mari à prendre des décisions financières importantes et à concilier des objectifs financiers basés sur les priorités. Avec l'aide de Dieu, vous pouvez embellir votre foyer et le rendre agréable avec les moyens dont vous disposez. Dans le but d'atténuer les différends, il serait bon d'établir vos priorités en matière de finance tout en adoptant de nouvelles approches en ce qui a trait à la gestion de l'argent. Un budget clairement défini constitue un excellent moyen de déterminer à l'avance quand, comment et pourquoi l'argent sera dépensé.

L'argent ne fait pas tout, mais on en a besoin pour se vêtir, se nourrir et prendre soins de sa famille. En observant rigoureusement les conseils tirés des Saintes Écritures, vous aurez beaucoup plus de stratégies et de connaissances pour faire face aux tensions dues aux problèmes financiers dans le foyer.

L'interférence d'un corps étranger entravant le bon fonctionnement du mariage

Quand Dieu a institué le mariage, il a créé une relation destinée à durer toute une vie, qui est censée trouver sa force et sa persévérance en lui. Au fil du temps, il a accordé à chacun de nous le privilège de comprendre les éléments essentiels d'un mariage solide.

Si les traditions et les cultures humaines détruisent le mariage, l'interférence de quelques personnes dans les affaires du couple conduira au même résultat si les limites ne sont pas préalablement définies. De ce fait, les familles des deux (2) époux, les enfants nés avant mariage peuvent nuire au bon fonctionnement du mariage.

Les relations avec les parents

Il ne fait aucun doute que les rapports entre les époux (les jeunes époux en particulier) et leurs parents sont un problème que l'on rencontre très souvent. Se marier ne signifie pas renoncer à tout respect pour sa famille, et cesser de l'aimer.

En revanche, se marier veut dire que le mari et sa femme abandonnent la relation intime qu'ils avaient avec leurs parents quand ils étaient enfants. Dorénavant, le jeune couple est appelé à établir son propre foyer, les parents doivent comprendre que c'est entre le mari et la femme que les relations les plus importantes se déroulent. La Bible fait injonction à l'homme de quitter son père et sa mère afin d'attacher à sa femme (Genèse 2 : 24).

La Parole de Dieu nous donne des directives précises en ce sens. Nous devons être convaincus que lorsque nous nous marions, nous devons quitter nos parents pour nous attacher l'un à l'autre en devenant tous les deux (2) une seule chair.

Cela implique que chaque époux ou épouse ne doit plus se considérer premièrement comme l'enfant de ses parents, mais comme le complément de sa femme ou de son mari. En d'autres termes, un changement de rôle et un transfert de fidélité des parents au conjoint sont effectués par l'intermédiaire du mariage. Les anciens liens familiaux sont rompus et une nouvelle relation exclusive et permanente est désormais établie.

En même temps, nous sommes toujours tenus d'honorer nos parents (Marc 7 : 10-13). En clair, le processus de séparation doit donc se dérouler dans l'amour et avec sensibilité. Bien que nous n'ayons plus à leur obéir, ils restent et demeurent nos parents pour la vie et nous leur devons toujours respect et considération.

Parfois, certains parents oublient que leurs enfants mariés sont maintenant des adultes capables de s'occuper de leurs propres affaires. Sachant que le mariage est l'apanage des adultes, les parents pourront donner d'excellents conseils à condition que les époux le leur demandent.

Toutefois, ils ne doivent jamais penser à diriger le foyer de leurs enfants ou d'indiquer la manière dont ceux-ci devraient s'y prendre. Lorsque vous, mari et femme, demandez conseils, vous devez réaliser que ce qui vous unit l'un à l'autre vient avant les responsabilités que vous avez envers vos parents.

Ainsi, la femme ne se précipitera pas chez les siens dès qu'une difficulté surgit entre elle et son mari. Elle peut très bien leur rendre visite, mais elle ne doit jamais oublier qu'elle n'habite plus chez ses parents; sa maison est là où elle demeure avec son mari. Ce dernier ne doit pas non plus rester trop longtemps chez ses parents comme s'il habitait toujours chez eux. De plus, le mari ne peut pas ignorer les repas concoctés par sa femme pour aller dîner chez ses parents. Ce faisant, il ne fait pas honneur à sa femme et du même coup manque à son devoir de protection envers elle.

Par ailleurs, lorsque les parents deviennent incapables de s'occuper d'eux-mêmes, à cause de leur âge avancé ou d'une maladie, le moment est venu pour les enfants de leur renvoyer l'ascenseur en prenant soin d'eux. Les enfants peuvent les prendre avec eux, dans leur propre foyer, ou, si ce n'est pas possible, faire d'autres arrangements pour eux.

Aussi, devez-vous rappeler qu'une résidence pour personnes âgées ou un lit d'hôpital ne représentent pas forcément le meilleur arrangement pour eux. Les parents, même en étant au soir de leur vie, sont des êtres humains avant tout, c'est-à-dire qu'ils ont besoin d'amour et d'un environnement qui leur soit agréable. Dans tous les cas, donnez-leur ce qu'il y a de meilleur dans leurs vieux jours, ils le méritent.

Les enfants de l'un des conjoints nés avant le mariage

Il n'est pas toujours facile de s'adapter à un enfant que vous ne connaissez pas, qui a ses goûts, son histoire ainsi qu'une ancienne vie de famille et avec qui il va falloir partager votre quotidien.

Qu'il réagisse au début par du rejet est dans l'ordre des choses. Le mari qui n'est pas le père de cet enfant ou la femme qui n'est pas la mère devra faire preuve de beaucoup d'empathie à l'égard de celui-ci. En vous mettant à sa place, vous comprendrez que l'enfant n'est pas un/e adulte. Vous devez donc impérativement réagir avec la sagesse qu'impose votre statut de chrétien et votre maturité d'adulte.

Le mari ou la femme doit aimer cet enfant comme il ou elle aime ses propres enfants. Il ne faut pas oublier que cet enfant symbolise une histoire d'amour, un mariage qui a existé et dont il est le fruit. Ne vous mettez pas dans une situation conflictuelle avec l'enfant de votre épouse ou de votre époux, c'est normal qu'un enfant revendique l'attention et la tendresse de son papa ou de sa maman.

S'ils vivent en terre étrangère, le mari ou la femme ne doit pas s'opposer à ce que sa femme ou son mari prenne soin d'un enfant qui est le sien, mais qui n'habite pas avec eux. Vous devez penser à lui dans votre budget parce qu'il s'agit de l'enfant de votre conjoint, donc c'est votre enfant. Il peut s'agir d'un enfant que vous avez eu avant de rencontrer le Sauveur Jésus-Christ et que sa mère ou son père ne partage pas vos valeurs chrétiennes et bibliques, cela ne doit pas constituer un prétexte pour ignorer l'existence de cet enfant parce qu'il n'est pas responsable de ce qui lui arrive.

Par ailleurs, l'épouse doit savoir qu'elle a un mari afin de faire l'équilibre pour qu'un rôle n'emporte pas sur un autre et vice-versa. Vous devenez une seule chair avec votre femme ou votre mari et non pas avec votre enfant.

La satisfaction sexuelle

La satisfaction sexuelle est un devoir pour le mari et sa femme sauf en cas de maladie ou d'un autre problème indépendant de leur volonté. Dans le cas contraire, cela peut être une source de conflit et ce, même dans les couples chrétiens.

Adam et Ève, respectivement le premier époux et la première épouse de l'histoire de l'humanité, partageaient une merveilleuse intimité depuis le jardin d'Eden. « L'homme et sa femme étaient tous deux nus, et il n'en avaient point honte » (Genèse 2 : 25).

Qui plus est, le commandement de multiplier et de remplir la terre donné par Dieu au premier couple (Genèse 1 : 28), a été donné avant que le péché fasse son apparition. Cela signifie que l'intimité et la satisfaction physique ont donc toujours fait partie de la relation mari et femme.

En outre, le mari et la femme doivent pouvoir se satisfaire mutuellement. Les Saintes Écritures donnent deux (2) perspectives aux rapports sexuels consentis dans le mariage :

1) **Ils offrent une protection.** Le mari et sa femme doivent réserver ce moment d'intimité particulière l'un pour l'autre, et ils doivent en être convaincu afin de se donner librement. « Toutefois, pour éviter l'impudicité, que chacun ait sa femme, et que chaque femme ait son mari » (1 Corinthiens 7 : 2).

Vous n'êtes pas sans savoir que nous vivons à une époque d'immoralité sexuelle où les interdits sont presque inexistants. Qu'il s'agisse des Nouvelles technologies de l'information et de la communication (NTIC), les émissions de télé ou de magazines, toutes les relations sont hypersexualisées.

De ce fait, le mari et la femme, voulant préserver leur intimité physique, s'aident mutuellement à se garder d'une société obsédée par le sexe. Autrement-dit, ils protègent leur fidélité l'un envers l'autre.

2) **Ils sont réjouissants et attendus.** Après avoir donné un avertissement sévère au sujet de la prostitution, l'auteur des Proverbes a écrit ces paroles aux jeunes maris : « Bois les eaux de ta citerne, les eaux qui sortent de ton puits. Tes sources doivent-elles se répandre au dehors ? Tes ruisseaux doivent-ils couler sur les places publiques ? Qu'ils soient pour toi seul, et non pour des étrangers avec toi. Que ta source soit bénie, et fais ta joie de la femme de ta jeunesse, biche des amours, gazelle pleine

de grâce : sois en tout temps enivré de ses charmes, sans cesse épris de son amour » (Proverbes 5 : 15-19).

Le côté sexuel du mariage satisfait les besoins de la procréation mais aussi ceux de l'épanouissement personnel. Le sexe est divin! Dieu l'a créé afin d'apporter dans les rapports conjugaux entre mari et femme un plaisir dont les conjoints peuvent profiter dans une parfaite intimité.

Lorsqu'un homme et une femme s'unissent dans les sacrés liens du mariage, chacun d'eux a le droit de s'attendre à la satisfaction sexuelle de la part de l'autre. Fort de ce constat, Paul a écrit : « Que le mari rende à sa femme ce qu'il lui doit, et que la femme agisse de même envers son mari. La femme n'a pas autorité sur son propre corps, mais c'est le mari; et pareillement, le mari n'a pas autorité sur son propre corps, mais c'est la femme » (1 Corinthiens 7 : 3, 4).

De plus, le verset 5 du même livre et du même chapitre précise qu'il ne faut se priver l'un de l'autre si ce n'est d'un commun accord pour un temps de prière personnelle. L'intimité suivi du plaisir sexuel réciproque est donc un élément important dans le mariage. En d'autres termes, l'expérience sexuelle au sein du mariage, est une composante importante de la vie conjugale, c'est quelque chose de bon, un acte béni et recommandé dans le mariage afin de procréer, de s'épanouir mais encore afin de renforcer les liens entre les époux. Elle fait partie du tableau d'ensemble : une partie intime de l'identité partagée de l'homme et de la femme qui s'unissent dans les liens du mariage.

En clair, la satisfaction sexuelle est un devoir que chacun des époux a envers l'autre, sauf si les conditions physiques ne le permettent pas. Car le refus d'un mari ou d'une femme de coucher avec son épouse ou son époux, dans les conditions normales, est un acte de péché et peut déboucher sur des conflits au sein du couple. D'où l'importance de respecter les conseils prodigués dans la Bible relatifs à ce sujet.

La communication franche

Du fait de mon rôle de leader spirituel et de conseiller au couple chrétien, je rencontre très souvent des familles qui font face à des problèmes de communication. La communication peut être une arme à double tranchant, en ce sens que le manque de communication peut détruire la vie de couple tout comme une mauvaise communication.

Il faut savoir que Dieu lui-même, pour créer le monde, a utilisé la communication. « Dieu dit : Que la lumière soit ! Et la lumière fut » (Genèse 1 : 3).

De plus, l'apôtre Jean a souligné l'importance et le pouvoir de la communication, particulièrement la communication orale dans les versets qui suivent : « Au commencement était la Parole, et la Parole était avec Dieu, et la Parole était Dieu. Elle était au commencement avec Dieu. Toutes choses ont été faites par elle, et rien de ce qui a été fait n'a été fait sans elle (Jean 1 : 1-3).

C'est vrai que « Parole » est synonyme de « Bible », mais elle concerne également le sens décrit en Genèse 1 : 3. Dieu s'est donné la peine de parler pour créer le monde, à plus fortes raisons pour les hommes et les femmes de communiquer.

Il est impossible de rendre heureuse la vie à deux (2) si on ne communique pas avec son partenaire. On doit de toute façon communiquer pour faire part, entre autres, de notre vision, nos objectifs etc. Le vivre ensemble nécessite donc une forme de communication.

Tout en sachant que l'objectif principal de la communication est de se faire comprendre, dans le cadre d'un couple, les formes de communication sont diverses. On trouve, entre autres, la communication verbale et non verbale, la communication écrite, visuelle et gestuelle. Néanmoins, la parole reste et demeure la forme de communication la plus prisée dans un couple.

« Si les objets inanimés qui rendent un son, comme une flûte ou une harpe, ne rendent pas des sons distincts, comment reconnaîtra-t-on ce qui est joué sur la flûte ou sur la harpe ? Et si la trompette rend un son confus, qui se préparera au combat ? De même vous, si par la langue vous ne donnez pas une parole distincte, comment saura-t-on ce que vous dites ? Car vous parlerez en l'air (1 Corinthiens 14 : 7-9).

Au regard de ces versets, le mari ou la femme qui veut être compris/e et se faire comprendre doit communiquer sans équivoque et sans confusion. Parler ne suffit pas, il faut aussi s'assurer que votre mari ou votre femme comprenne ce que vous dites.

Il y a des personnes qui naturellement n'aiment pas s'exprimer, elles ne communiquent pas même lorsqu'elles en ressentent le besoin. Cela peut créer des ressentiments dans un couple ainsi qu'une diminution de l'intimité émotionnelle Quand on manque de communiquer le partenaire peut se sentir isolé, négligé ou même incompris. En effet, la mauvaise communication peut être destructive pour le couple dans le sens où elle peut entrainer des malentendus, des reproches, des disputes constantes et cela peut conduire à un climat toxique

Ainsi, un ton arrogant et émotionnel peut polluer la bonne communication qui doit s'installer dans le couple. Les mots n'ont pas la même signification selon qu'ils soient dits avec politesse ou avec arrogance. Car le message n'est pas forcément ce qui est dit, mais ce qui est compris.

Il s'agit d'un processus d'adaptation qui doit durer durant toute la vie à deux. Un geste, une attitude peuvent être compris comme de l'indifférence alors que ce n'était pas votre intention réelle. Il faut s'assurer aussi que ce qu'on a compris, c'est bien ce que l'autre a dit. Dans le cas contraire, il peut y avoir tout un tissage de malentendus qui vont générer, sans aucun doute, un climat de frustration dans votre couple.

Cela requiert des efforts de la part de chacun des conjoints. Il existe un cliché social qui nous pousse à croire que les femmes parlent beaucoup et que les hommes n'écoutent pas. C'est pourquoi il est important pour le mari et pour la femme de verbaliser leurs intentions et de faire preuve de compréhension.

Naturellement, les deux (2) sexes ne sont pas les mêmes. Certaines femmes considèrent le fait de parler comme un loisir, une façon de se défouler tandis que les hommes, en majeur partie, parlent moins pour mieux agir. Il faut juste admettre que dans l'art de la communication il y a des moments où il faut parler et d'autres où il faut écouter...

Pour qu'un mariage soit solide, il faut absolument enlever les obstacles qui empêchent la communication. Le mari et la femme évitent la voie des conflits incessants en privilégiant un climat de communication rempli de douceur. Une communication franche et ouverte, dénuée d'arrogance est l'un des éléments essentiels pour un mariage réussi.

La prière : la panacée pour éviter tout type de conflit

Le mariage est une liaison tridimensionnelle qui implique un accord profond du corps, de l'âme et de l'esprit du couple marié. En effet, l'union physique est représentée par les gestes, les câlins, tous les contacts physiques et évidemment le sexe dont on a mentionné précédemment. Sur le plan de l'âme, le mariage est perçu comme une union des émotions et des valeurs impliquant l'échange des expériences, le partage des pleurs, des joies et des peines de la vie. Par contre, l'unité spirituelle non négligeable, implique la croissance spirituelle, le partage de valeurs et de perspectives de vie et le soutien mutuel des individus. Elle se manifeste par une vie de prière dans le couple. C'est pourquoi Jésus nous a dit ceci : « Je vous dis encore que, si deux d'entre vous s'accordent sur la terre pour demander une chose quelconque, elle leur sera accordée par mon Père qui est dans les cieux » (Matthieu 18 :19). Il ne s'agit pas d'une simple question de dévotions familiales, mais des moments communs de prière.

Le mari et la femme chrétiens devraient se considérer d'abord comme des compagnons spirituels. Ils font le voyage spirituel de la vie ensemble, la main dans la main avec Dieu. C'est là que réside toute la différence entre un mariage païen et un mariage formé d'un homme et d'une femme dévoués à la cause de Dieu.

Vous pouvez prier, entre autres, pour vos ministères, pour un frère ou une sœur qui est malade, pour avoir de la direction avant de prendre une décision importante, pour vos enfants. Il n'existe pas un protocole particulier pour prier. Priez dès que vous sentez le besoin. S'accorder pour prier est l'une de ces choses qui sont primordiales pour la famille.

Cela ne signifie pas que chacun des époux ne doit pas cultiver sa propre relation avec Dieu. L'exemple le plus parfait est celui d'un orchestre où plusieurs instruments s'accordent pour produire un son agréable. D'ailleurs, la Bible nous dit que deux (2) valent mieux qu'un (1) (Ecclésiaste 4 : 9).

L'apôtre Pierre nous dit qu'un mari qui voit sa femme comme cohéritière de la grâce de la vie augmente ses chances de prier avec puissance (1 Pierre 3 : 7). En d'autres mots, nos prières sont beaucoup plus puissantes quand nous nous accordons pour les faire.

J'en ai fait l'expérience en 2020, la période pendant laquelle la « COVID-19 » battait son plein dans le monde et particulièrement à New-York. Il était minuit quand l'un de mes fils avait cogné à la porte de notre chambre pour nous dire qu'il éprouve des difficultés à respirer. Au début, moi et ma femme, pensions qu'il s'agit d'un petit malaise qui allait disparaître aussitôt qu'il s'endort. La situation s'est aggravée avec l'augmentation rapide de la température de son corps, la perte du goût et de l'odorat. Tous les signes étaient convergés vers une contamination par la Covid-19.

Rappelez-vous de cette période où les institutions hospitalières prennent le contrôle des patients atteints du Corona Virus sans autoriser leur famille à rester avec eux. Voulant à tout prix éviter ce problème et avec la persistance des symptômes, nous nous sommes rendus dans sa chambre pour prier et demander à Dieu qu'il guérît notre fils.

Frères et sœurs, mon épouse et moi étions restés toute la nuit dans sa chambre jusqu'à ce que tous les signes disparaissent. C'est une victoire que Dieu a donnée à notre famille. Il est évident que le mari et la femme qui s'accordent pour prier jouissent le privilège d'une prière très puissante.

Le mari ou la femme ne doit pas se sous-estimer. La prière n'est pas l'affaire des personnes qui sont très spirituelles. Tous les chrétiens ont besoin de prier et doivent avoir des moments consacrés à la prière. Les conjoints doivent aussi s'encourager à prier. On s'édifie l'un et l'autre en priant et vous pouvez avoir de grandes percées.

Vous devez vous synchroniser pour pouvoir bénéficier de cette étonnante puissance qu'il y a dans la prière. Vous devez prier l'un pour l'autre afin de protéger votre couple. La prière peut régler en un claquement de doigt ce que des années de communication n'ont pas pu régler.

Lorsqu'un mari et sa femme se rapprochent de Dieu par le truchement de la prière, ils se rapprochent aussi l'un de l'autre. Cela veut dire qu'ils développent des liens plus étroits l'un avec l'autre dans une relation qui plaît à Dieu.

CHAPITRE IV

Le Remariage, Le Divorce Et La Séparation Au Regard De La Bible

L'immuabilité des principes divins

L'homme moderne a du mal à accepter les règles de Dieu sur la moralité et à s'y conformer. Cela est beaucoup plus évident dans le mariage, le divorce et le remariage. Les principes divins sur ces sujets sont identiques à ce qu'ils étaient dans l'ancienne Judée et à Corinthe.

Notre grande mission est de convaincre les hommes et les femmes de se courber et d'accepter ces règles. Étonnamment, certains chrétiens éprouvent les mêmes difficultés à le faire que les gens du dehors.

En effet, il est impossible d'être fidèle à notre engagement de proclamer l'évangile du salut si nous refusons d'appliquer les lois originelles sur le divorce, la séparation et le remariage.

L'erreur la plus grave dans la vie d'un chrétien c'est de penser qu'il peut rejeter l'enseignement de Dieu tout en pensant qu'il aura obtenu le pardon de Dieu et pourra être heureux dans sa vie personnelle et dans son foyer.

A l'intérieur de ces phénomènes de divorce et remariage, il existe un épiphénomène dont Satan en est l'auteur qui est la fragilisation des couples, qui se manifeste par l'utilisation de plus en plus courant du mot « divorce » et cela engendre des répercussions jusque sur les bancs de nos Églises. De ce fait, au fur et à mesure que le divorce est devenu plus fréquent, il est aussi devenu plus acceptable, non seulement aux yeux du monde mais dans l'Église également.

Il est donc affligeant de constater que le taux de divorce parmi les chrétiens est presque aussi élevé que chez les païens. De plus en plus de chrétiens marchent sur les traces du monde alors que c'est l'inverse qui devrait se produire. Nous devons nous souvenir que les conseils bibliques relatifs au mariage, à la séparation de corps, au divorce et au remariage sont à la fois bons et exigeants.

Parlant de divorce, la Parole de Dieu est parfaitement limpide : Dieu déteste le divorce (Malachie 2 : 16) et que la réconciliation et le pardon devraient caractériser la vie des croyants (Luc 11 : 4, Éphésiens 4 : 32).

Les enseignements de la Bible sur le divorce : la démarche vétérotestamentaire

Il n'est un secret pour personne que, de nos jours, un bon nombre de chrétiens se tournent prioritairement vers les textes du Nouveau Testament, d'autres en font des interprétations erronées. Cependant, dans une perspective de bonne compréhension, ils ne peuvent ignorer les passages les plus anciens parce qu'ils constituent l'arrière-plan.

Dans l'Ancien Testament, le terme « répudiation » est synonyme de « divorce ». En effet, la Bible nous rapporte en Deutéronome qu'il était interdit à un homme, sous peine d'être châtié, de forger des accusations mensongères contre la femme qu'il a trouvée vierge. En portant atteinte, à la réputation d'une vierge d'Israël, les anciens pouvaient le condamner à une amende et la femme restera sa femme tant qu'il vivra (Deutéronome 22 : 13-19). Il est évident qu'il s'agit là d'une interdiction formelle de divorce.

Le divorce n'a jamais fait partie du plan de Dieu pour nous. « Car je hais la répudiation, dit l'Éternel, le Dieu d'Israël… » (Malachie 2 : 16). C'est encore un autre verset de l'Ancien Testament qui interdit explicitement le divorce. S'il est vrai que ce dernier n'est pas très loquace sur le sujet, il n'en demeure pas moins Dieu nous met en garde contre cette pratique.

Les enseignements du Nouveau Testament relatifs au divorce, à la séparation, au remariage et à l'adultère

Le seigneur Jésus a lui-même enseigné sur le divorce pendant son passage sur la terre. « Mais je vous dis que celui qui répudie sa femme, sauf pour infidélité, et qui en épouse une autre, commet un adultère » (Matthieu 19 : 9).

Sous la loi, l'adultère devait être consommé pour être considéré comme tel. Mais « sous la grâce », l'adultère est déjà consommé dans le cœur lorsqu'un homme ou une femme convoite intérieurement une femme ou un homme qui n'est pas son épouse ou son mari. La Bible nous dit que quiconque regarde une femme avec des yeux de convoitise commet un adultère dans son cœur (Matthieu 5 : 28). La loi est venue par Moïse, la grâce et la vérité sont amenés par notre Sauveur Jésus-Christ.

Au regard de Matthieu 19 : 9, il faut dire que le Seigneur Jésus répète les mêmes principes immuables de Dieu : l'alliance du mariage est conclue pour la vie, et ne peut être rompue. En d'autres termes, Dieu condamne à la fois le divorce et le remariage. Il n'est pas possible de faire référence à ce verset pour autoriser le remariage des divorcés, en cas d'infidélité de l'un des conjoints.

Pour commettre un adultère selon la pensée du Seigneur, il faut donc que deux (2) conditions soient réunies : il faut qu'il y ait un « divorce » ou une « séparation » suivi d'un « remariage » pendant que le conjoint est encore vivant. La séparation ou le divorce n'est pas un adultère tant qu'il n'y ait pas remariage.

Rappelez vous des pharisiens qui voulaient éprouver Jésus. Ils ont abordé la question de répudiation avec lui. « Il répondit : n'avez-vous pas lu que le créateur, au commencement, fit l'homme et la femme et qu'il dit : c'est pourquoi l'homme quittera son père et sa mère, et s'attachera à sa femme, et les deux deviendront une seule chair ? Ainsi, ils ne sont plus deux, mais ils sont une seule chair. **Que l'homme donc ne sépare pas ce que Dieu a joint** » (Matthieu 19 : 4-6).

Quand les disciples lui posaient des questions sur la loi de Moïse, « il leur répondit : c'est à cause de la dureté de votre cœur que Moïse vous a permis de répudier vos femmes; au commencement, il n'en était pas ainsi » (Matthieu 19 : 7, 8).

En effet, si l'adultère de l'un des conjoints étaient une raison valable pour rompre le lien du mariage, les deux (2) conjoints seraient libres de se remarier. Plus d'un prétendent que celui qui a une femme adultère est libre d'en divorcer et de se remarier, sachant qu'il n'est pas responsable de la rupture du lien conjugal. Jésus nous dit clairement qu'un homme qui se remarie après avoir répudié sa femme, qui est toujours en vie, commet un adultère.

Il en est de même pour la femme qui quitte son mari et qui en épouse un autre. Elle a la possibilité de quitter son mari pour diverses raisons, mais elle n'a pas la possibilité de se remarier si son mari est encore en vie. Si seul le conjoint innocent pouvait se remarier et le conjoint adultère ne le pouvait pas, il y aurait une contradiction et une injustice, alors que nous servons un Dieu de justice.

Tant et aussi longtemps que le conjoint est encore vivant, tout remariage d'une personne divorcée est donc, pour Dieu, un adultère. Nous devons affirmer, péremptoirement et avec force, cette vérité face au laxisme et la triste permissivité qui sévissent dans l'Église locale.

Par ailleurs, la période où le divorce a eu lieu importe peu. Autrement-dit, le fait d'avoir divorcé avant la conversion n'y change rien. Un divorce reste un divorce, un remariage reste un remariage, qu'il a été fait avant d'avoir accepté Christ ou pas.

Certes, notre conversion en Christ nous permet d'obtenir le pardon de nos péchés passés, mais cela ne signifie pas que nous pouvons continuer à vivre dans ce péché, une fois que nous l'avons confessé.

Il est clair que Jésus rappelle le principe divin qui existait dès le commencement, et qui veut que l'homme quitte son père et sa mère pour s'attacher à sa femme. Ce principe demeure valable dès qu'il s'agit de mariage entre un homme et une femme, indépendamment si les époux sont chrétiens ou pas.

D'ailleurs, les disciples de Jésus ont parfaitement compris le caractère universel, sacré et absolu du mariage, puisqu'ils disent à Jésus au verset dix (10) qu'il n'est pas avantageux pour un homme de se marier avec de telles limitations. Ils parlent de tout homme et de toute femme.

Les enseignements de l'apôtre Paul sur le divorce, l'adultère, la séparation et le remariage

Les versets 2 et 3 du septième chapitre de l'épître aux Romains nous disent ceci : « Ainsi une femme mariée est liée par la loi à son mari tant qu'il est vivant; mais si le mari meurt, elle est dégagée de la loi qui la liait à son mari. Si donc, du vivant de son mari, elle devient la femme d'un autre homme, elle sera appelée adultère; mais si le mari meurt, elle est affranchie de la loi, de sorte qu'elle n'est point adultère en devenant la femme d'un autre ».

Par ces mots, Paul rappelle le principe divin de l'indissolubilité du mariage, pour nous montrer que seule la mort peut nous dégager de ce lien sacré. Il n'aurait pas été difficile pour Paul de dire que le remariage des divorcés est accepté par Dieu comme certains prédicateurs, partisans de l'évangile « *feel good* », le prétendent. Il s'est gardé de le faire parce qu'il connaissait les enseignements de Jésus.

Paul poursuit son enseignement dans 1 Corinthiens 7 : 10, 11 : « A ceux qui sont mariés, j'ordonne, non pas moi, mais le Seigneur, que la femme ne se sépare point de son mari, si elle est séparée, qu'elle demeure sans se marier ou qu'elle se réconcilie avec son mari, et que le mari ne répudie point sa femme.

Paul fait référence aux principes immuables du Seigneur que nous venons de développer de manière, plutôt, exhaustive. L'ordre du Seigneur est que la femme séparée de son mari ne se remarie pas si elle ne peut pas réconcilier avec celui-ci. Paul ne fait nullement mention d'une possibilité de remariage tant que le mari ou la femme est vivant/e.

Comment devons-nous traiter les divorcés, séparés, remariés dans nos assemblées ?

En tout premier lieu, il faut préciser que séparer est parfois synonyme de bien-être pour plus d'un. Lorsqu'il y a violence, infidélité, et d'autres problèmes de ce genre, une séparation s'impose très souvent. Cela ne veut pas dire que la personne divorcée ou séparée, remariée n'est plus digne de servir le Seigneur. Elles ont peut-être commis l'erreur d'avoir laissé Dieu hors de l'équation, mais cela ne doit pas être un stigmate pour ces bien-aimés.

En clair, nous devons absolument éviter toute attitude de jugement et de condamnation. Le remariage des divorcés a entrainé un cortège de drames personnels qui ont, sans doute, été difficilement vécus, et qui ont causé de multiples blessures émotionnelles et personnelles. Quoi qu'on dise, les divorces et les séparations ne se passent jamais bien. Ils s'accompagnent de déchirures qui engendrent des sentiments de haine et d'échec.

Nous devons donc être remplis d'amour pour ceux et celles qui sont passés par de telles épreuves.

Tandis que tout le monde s'attendait à une condamnation de la femme adultère surprise en flagrant délit, Jésus a fait montre de beaucoup d'amour en la renvoyant pendant qu'il lui demande de ne plus pécher. Il a fait de même avec la femme Samaritaine qui avait eu cinq (5) maris et dont le sixième n'était pas le sien (Jean 4 : 18). Jésus savait que ces femmes n'avaient pas besoin d'être traitées avec dédain, mais qu'elles devaient être guidées avec amour dans la vérité.

En revanche, nous devons bannir toute position légaliste et populiste. La Parole de Dieu doit être clairement prêchée dans toutes les assemblées chrétiennes, mais elle ne peut être imposée à personne. Toutefois, lorsque la Parole est prêchée dans la vérité et avec l'assurance de la foi, le Saint-Esprit doit la confirmer dans le cœur de tous ceux qui aiment Dieu et qui recherchent la vérité.

Malheureusement, le travail devient de plus en plus compliqué en ce sens que la Parole de Dieu n'est pas toujours prêchée dans la vérité, et que trop de chrétiens naïfs sont prêts à accepter pas mal de faux enseignements. Que chacun reçoive la pure Parole de Dieu dans un cœur ouvert et que le Saint-Esprit donne lui-même une pleine conviction de la vérité.

En effet, nous devons laisser les divorcés remariés être pleinement convaincus de la vérité, sous l'impulsion de la Parole de Dieu et du Saint-Esprit. Car l'une des missions du Saint-Esprit est de convaincre le chrétien et de l'enseigner sur le péché et la justice en le conduisant vers la vérité. En principe, un enfant de Dieu est un partisan de la vérité, il ne veut pas être conduit par le mensonge.

Nous pouvons avoir confiance que les brebis du Seigneur finiront toujours par entendre sa voix. Pour ce faire, elles doivent ardemment désirer à connaître la vérité, et demander à Dieu le discernement afin de permettre à sa parole de les libérer de toute fausse doctrine et faux enseignement.

Certaines fausses convictions sont tellement ancrées qu'elles poussent certaines personnes, qui sont en contravention avec Dieu, à adopter de très mauvais comportement vis-à-vis de l'évangile du Salut. Il faut donner au Seigneur le temps de révéler la vérité. Certains peuvent immédiatement se rendre à l'évidence que la vie qu'ils mènent n'est pas conforme aux exigences de Dieu, d'autres ont besoin de beaucoup plus de temps.

Si vous lisez ce livre et que vous vous identifiez à cette situation, sachez qu'il vous demande, autant que cela est possible et avec l'aide de Dieu, de chercher à réconcilier avec votre mari ou votre femme. Rien n'est impossible à celui qui croit (Marc 9 : 23).

Comment éviter le divorce

Le premier moyen pour éviter le divorce est de se soumettre à la Parole de Dieu. Nous savons pertinemment que Dieu est à l'origine du mariage. Il sait donc ce qui marche et ce qui ne marche pas, ce qui nous fait grandir et ce qui nous détruit, ce qui fait réussir une relation et ce qui l'empoisonne. En gros, il connait le cœur du partenaire qu'il a prédestiné pour vous ! Il nous a donné, dans les Saintes Écritures, tous les principes dont nous avons besoin pour que nos mariages soient heureux et durables.

Aussi, devons-nous rejeter le divorce comme option. Dans certains pays européens, lorsqu'un couple fraichement marié entre pour la première fois dans leur maison, ils passent par une porte spéciale. Après leur passage, on verrouille cette porte à clé, et l'on en sert plus jusqu'au jour où l'un des deux (2) conjoint meurt et que l'on passe par là pour faire sortir le corps.

Au regard de la manière que la Bible décrit le mariage, il ressemble étrangement à une telle maison. Une fois qu'un homme et une femme entrent dans le mariage, la porte de leur engagement devrait être résolument fermée de sorte qu'elle ne s'ouvre plus jamais jusqu'à ce que l'homme ou la femme passe de vie à trépas. C'est dans cette perspective que l'on fait répéter les fameux vœux de mariage « jusqu'à ce que la mort nous sépare ». Malheureusement, beaucoup de couples n'ont pas pu tenir la porte fermée.

Le mariage est un engament. Il est donc nécessaire que cet engagement soit absolu. Le mari ainsi que son épouse promettent de rester ensemble quoi qu'il arrive. Il faut avoir le divorce en horreur et ne le considérer pas comme une option. Si vous entrez dans le mariage en ayant en tête qu'il y a une option de sortie, le moment arrivera où vous serez tenté de vous en servir. Une fois que vous acceptez la possibilité de vous divorcer, le mariage est menacé.

L'infidélité : une cause de séparation et de divorce

Le mariage est non seulement un engagement à vie d'un homme et d'une femme qui partagent leur identité, mais il fait également appel à la fidélité des deux (2) conjoints. Ils sont tenus d'être fidèles l'un à l'autre. Les Saintes Écritures ne font pas de concessions en la matière. Le mari doit fidélité à sa femme et la femme à son mari. « Que le mariage soit honoré de tous, et le lit conjugal exempt de souillure, car Dieu jugera les impudiques et les adultères » (Hébreux 13 : 4).

La Bible ne transige pas dans ce domaine, et il est clair que la polygamie est du diable. L'apôtre Paul a dit à Tite d'ordonner aux femmes plus âgées d'instruire les femmes les plus jeunes dans l'Église « dans le but d'apprendre aux jeunes femmes à aimer leurs maris et leurs enfants (Tite 2 : 3, 4). Lorsqu'une femme se marie, elle s'engage à se donner uniquement à son mari. Le mari aussi lui doit fidélité et protection.

Pour l'honneur du mariage et pour la santé du couple, la Bible interdit strictement toute relation adultérine. Il s'agit du septième commandement promulgué sur le mont Sinaï. « Tu ne commettras point d'adultère » (Exode 20 : 14). Jésus a fait mention de ce commandement dans la conversation qu'il a eue avec le jeune homme riche (Matthieu 19 : 18). Dans sa liste des péchés de la chair, Paul a cité premièrement l'impudicité dont l'adultère en est une forme (Galates 5 : 18-20).

La fidélité dans le mariage est la matérialisation des vœux prononcés devant Dieu et devant la société au cours de la cérémonie de mariage : « Je promets de t'être fidèle ». Pour rester fidèle, les époux doivent s'aimer d'un amour profond qui ne dépend pas du bonheur ni d'aucun signe extérieur de réussite.

La fidélité dans un couple comporte beaucoup d'avantages. En voici quelques-uns :

1- En restant fidèles, les époux garderont leur cœur l'un pour l'autre;

2- Ils tiendront leur promesse de loyauté;

3- Ils ne rechercheront pas leur bien-être dans une autre personne que leur conjoint;

4- Ils ne donnent aucune possibilité au diable de s'interposer par le truchement d'une autre personne;

5- Ils se protègent contre un bon nombre de maladies sexuellement transmissibles.

De nos jours, ils sont légion les jeunes qui pensent que la fidélité est quelque chose de déconnecté de la réalité en ce sens qu'elle est réservée à quelques personnes hors normes. Dans certaines régions du monde, le taux d'infidélité dans le mariage avoisine les cinquante pour cent (50%). Dieu exige la fidélité dans le couple afin que nous ayons un style de vie fort et sérieux.

La chair humaine possède une triste inclination à ne pas observer les commandements de Dieu. De ce fait, nous ne pouvons rien faire sans l'aide de notre sauveur Jésus. Dieu est le premier à s'engager, à promettre de nous accompagner tout au long de notre vie.

D'après les nouvelles normes de l'évolution contemporaine, la fidélité absolue n'est pas naturelle. Bien sûr que non parce que nous vivons dans un monde déchu. Toutefois, pour nos premiers parents au Paradis terrestre, c'était la chose la plus naturelle du monde. Et dans nos temps modernes, elle sera partie de tout mariage solide et heureux.

CONCLUSION

En définitive, il faut rappeler que le mariage est Divin ! Tout a été prédestiné et décidé au ciel. La Bible dit tout ce que Dieu a créé, Dieu a vu que cela est bon. Dans le cas de l'homme, Dieu a vu qu'il n'est pas bon que l'homme soit seul; il lui a donc fait une aide semblable à lui.

La première relation conjugale a donc commencé lorsque Dieu a amené la femme vers l'homme. C'est en qualité de mari et femme qu'Adam et Ève ont joui du merveilleux jardin d'Éden que Dieu avait créé à leur intention.

La nature humaine est restée la même que celle du premier couple, après la chute. Tous les hommes ont les mêmes tendances pécheresses qui peuvent conduire aux mêmes égarements.

De plus, Satan est toujours le grand séducteur et le meurtrier qu'il était depuis le jardin d'Éden. De ce fait, il essaie de corrompre ce que Dieu a donné à l'homme en vue de sa bénédiction. Cela concerne particulièrement la vie conjugale et la vie de famille.

La société offre peu de réponses pour renverser la vapeur et permettre ainsi aux couples malheureux de remonter la pente.

Pourtant, les réponses se trouvent dans le livre le plus édité de toute l'histoire de l'humanité : la Bible.

Pour qu'un mariage soit conforme au plan de Dieu, le mari et la femme doivent avoir forcément de très bonnes relations avec lui. Rappelez vous que c'est lui qui a créé le mariage. Les graves difficultés auxquelles vous faites face dans votre famille sont, indubitablement, la conséquence d'une mise à l'écart du Seigneur dans l'équation de votre mariage.

Heureusement, tout n'est pas fini ! Vous pouvez retourner à votre créateur en reconnaissant que vous vous êtes mis dans de beaux draps et que vous ne pouvez pas vous en sortir sans lui. Sachez aussi que votre relation personnelle avec Dieu peut constituer le fondement d'un mariage solide.

Vous qui lisez ce livre et qui n'êtes pas encore marié, je vous le dis, une fois de plus, vous avez de la chance ! Vous devez observer les principes bibliques pour bien faire votre choix. Vous ne devez jamais faire le choix d'une personne qui n'a pas la crainte de Dieu. C'est la base de la relation.

Assurez-vous de recevoir le feu vert de Dieu sur la personne sur qui vous jetez votre dévolu. La prière est le moyen le plus efficace de savoir comment reconnaitre et choisir la personne que Dieu a réservée pour vous. N'ignorez surtout pas les signaux d'alarme et de danger.

Il faut que vous soyez prêt à chercher votre future femme ou votre futur mari uniquement en Christ et en lui seul. Pour ce faire, il faut mettre sa confiance en Dieu, ce qui nécessite de la patience, de la communion, une vie de prière sans relâche, une soumission totale à ses sages conseils et une foi inébranlable afin d'accepter et de faire sa volonté.

Dans l'attente de votre partenaire de vie, vous devez vous abstenir de vous montrer désespéré. Votre âge ne doit pas être un fardeau ni un facteur précipitant pour vous. Ce qui est rapide pour vous peut être lent pour Dieu. L'inverse est tout aussi vrai. Il vous donnera au moment opportun le ou la partenaire de votre vie.

Vous devez être motivé et guidé d'abord par l'amour. C'est ce qui va vous permettre de traverser les impasses les plus compliquées dans votre vie de couple. L'amour véritable est respectueux, patient et tolérant. Une relation dont le fondement sentimental n'est pas l'amour et le fondement spirituel n'est pas la crainte de Dieu est voué à l'échec.

En outre, vous devez faire montre d'une certaine pureté notamment sur le plan sexuel en attendant que Dieu vous dise la personne qui est destinée à être votre compagnon de vie. Votre corps est le temple du Saint-Esprit. Cela signifie que vous devez respecter ce corps afin que Dieu y soit toujours glorifié et honoré.

Les lignes directrices sont dans la Bible et que vous devez établir le distinguo entre les normes mondiales du mariage et les principes divins. Tandis que les Saintes Écritures rejette toute relation sexuelle en dehors du mariage, les normes mondiales acceptent la cohabitation et les relations sexuelles prénuptiales comme un mode de vie normale.

Vous qui êtes déjà marié, sachez que Dieu vous a confié un des fonctions particulières. En ce sens, le mari représente le leader, le protecteur et le pourvoyeur de la famille. Il veille à ce que sa famille a tout ce qu'il faut pour son bien-être. Son rôle est comparable à celui d'un gérant d'entreprise.

C'est le mari qui doit travailler pour subvenir aux besoins de sa famille et résoudre les problèmes de son foyer. C'est l'une des raisons pour lesquelles, dans la Bible, le rôle du mari est comparé à l'amour et à la sollicitude de Christ envers son Église.

Si jamais les tensions de la vie quotidienne surviennent dans le foyer, c'est au mari que la responsabilité première est incombée pour consulter Dieu au sujet de sa famille. Un bon mari est un homme ayant de très bonnes relations avec Dieu.

L'éducation des enfants est, sans conteste, l'un des aspects importants de la responsabilité. Ce faisant, le mari assume pleinement son rôle de leader et pourvoyeur spirituel de sa famille. Apprendre à ses enfants l'importance de la lecture et de la méditation de la Parole de Dieu, instituer les dévotions familiales, oriente la famille vers des valeurs foncièrement chrétiennes, et avoir une vision de vie pour sa famille.

L'époux doit aimer son épouse aussi. Avant d'être père, il doit savoir qu'il est un mari. Ainsi, un homme qui aime sa femme lui fera régulièrement des compliments. Le mari doit créer des moments de loisir qui peuvent être des périodes de vacances et de sorties en famille. Cela participe grandement au bien-être et à l'épanouissement d'une famille.

La femme de son côté, doit se soumettre, aimer et respecter son mari qui est son chef. Dieu a placé le mari comme chef de la famille indépendamment de son statut et de ses moyens matériels ou financiers. En effet, une femme qui désapprouve son mari ne témoigne aucun respect pour le Seigneur.

Je veux m'adresser aux femmes mariées en général mais chrétiennes en particulier pour vous dire que vous devez parler à votre mari avec révérence. Naturellement, les garçons n'apprécient pas que les femmes leur tiennent tête. Si vous n'êtes pas prête à vous soumettre au représentant immédiat de Dieu dans la famille, ne vous mariez pas !

Lorsqu'une femme emprunte le chemin du mariage, elle donne à son mari le pouvoir de décider pour elle parce que c'est le mari qui est aux commandes. Cela ne signifie pas que la femme n'a pas son mot à dire dans les décisions qui doivent être prises afin d'assurer le bon fonctionnement du foyer. Toutefois, le leadership de la famille ne lui a pas été confié.

Elle doit veiller sur son mari. Vérifiez par exemple si ses ongles sont entretenus, surtout si votre mari est un adepte du « je-m'en-foutisme », si sa cravate est bien ajustée, et les couleurs qu'il porte s'harmonisent entre elles. J'imagine la fierté d'une femme dont le mari est tiré à quatre (4) épingles grâce à ses efforts. Mesdames, ces petits ajustements que vous considérez comme des détails peuvent faire de grandes différences.

L'épouse a aussi la responsabilité d'élever les enfants avec son mari. Rappelez-vous de l'apôtre Paul qui avait affirmé que la foi de Timothée est le résultat de l'enseignement que lui avait inculqué sa mère (2 Timothée 1 : 5). A l'instar du mari, la femme doit être aussi un modèle pour ses enfants.

Il est vrai que l'école et l'Église participent, dans une certaine mesure, à l'éducation de l'enfant. Cependant, rien n'est comparable à celle que l'enfant reçoit à la maison de la part de ses parents.

En effet, les parents doivent apprendre à leur enfant à soigner leur corps. Très tôt, un enfant doit apprendre l'importance d'acquérir de bonnes habitudes, à se brosser les dents au moins deux (2) fois par jour, à se laver fréquemment, ainsi qu'à s'habiller décemment.

En ce qui concerne les enfants, Dieu leur commande de faire preuve d'obéissance envers leurs parents s'ils veulent être heureux et vivre longtemps. Un enfant respectueux ne parle pas à ses parents de manière insolente et s'assure d'exécuter les ordres de ceux-ci. Il doit être obéissant.

Le respect de l'autorité est primordial pour un enfant. C'est ce qui fera d'eux des hommes respectables et de très bons citoyens et citoyennes. Les parents doivent montrer à leur enfant l'importance d'agir dans les limites de ce qui leur est permis et ce qui ne l'est pas.

Dès son plus jeune âge, un enfant peut réaliser certaines tâches quotidiennes ou ménagères dans la maison avec l'aide de ses parents. Néanmoins, sachant que le travail doit adapter à son âge, un enfant n'est pas une aide-ménagère, une baby-sitter ou un jardinier.

Les enfants doivent s'efforcer de faire honneur à leur famille en adoptant un comportement digne d'une famille chrétienne. Si tous les enfants avaient obéi à leurs parents, la délinquance juvénile et par conséquent la population carcérale serait considérablement réduite.

Les enfants doivent aimer leurs parents et doivent être prêts à leur montrer qu'ils sont reconnaissants envers eux. De plus, ces derniers doivent être honorés et respectés. C'est en leur obéissant, en les aimant et en les respectant qu'un enfant peut remercier ses parents pour leur amour et leurs soins.

Par ailleurs, malgré l'union de la femme et de l'homme dans les liens du mariage, ils restent et demeurent deux (2) personnes qui ne partagent pas toujours les mêmes opinions Maris et femmes, vous devez apprécier vos différences parce qu'elles peuvent faire jaillir de bonnes choses. En témoigne le privilège de concevoir et donner naissance à un enfant.

Vos différences doivent être comprises et acceptées dans un climat de respect mutuel afin de ne pas engendrer des frustrations de part et d'autre. A cette phase des débats, on ne parle plus de de différence mais de « conflit ». Les sources de conflits peuvent être diverses. Il peut s'agir, entre autres d'un malentendu, d'un manque de compréhension ou d'une mauvaise communication ou d'un problème relatif aux finances. Peu importe la cause, un couple ne doit pas badiner avec un conflit. Sinon, cela peut conduire à des problèmes majeurs et si ça devient chronique il peut détruire les fondements de votre famille. Une franche et bonne communication est aussi nécessaire en vue de vider vos contentieux.

La prière reste et demeure le remède par excellence pour vous aider à tout surmonter. Mari et femme doivent prier ensemble s'ils veulent que leurs prières soient plus puissantes.

Il ne faut jamais penser au divorce comme une option si le mariage ne fonctionne pas. Un chrétien ou une chrétienne doit avoir le divorce en horreur, car Dieu lui-même hait le divorce et l'immuabilité est partie intégrante du caractère de Dieu. Il ne changera jamais!

Le mariage est une bénédiction de Dieu. Personne ne doit séparer ce que Dieu a uni. Quelqu'un eût à dire : « le mariage ne consiste pas tant à trouver le bon conjoint qu'à être le bon conjoint ». Sachez aussi qu'un remariage est synonyme d'adultère si l'autre conjoint est toujours vivant.

Le divorce, les aventures extra-conjugales (infidélité), les conseillers matrimoniaux, ce sont quelques moyens auxquels les gens ont recours pour essayer de venir à bout de mariages en difficulté. Toutefois, vous vous rendez à l'évidence que ces recours peuvent rendre la situation pire que ce qu'elle est déjà.

Vous qui êtes troublé par ce qu'est devenu votre mariage, vous pour qui une réconciliation vous semble impossible, tournez-vous vers Dieu, l'architecte du mariage, celui qui connait vos problèmes et qui offre la solution.

Ainsi, vous ne permettez plus à Satan le diable de loger chez vous. En mettant en pratique les conseils bibliques, vous verrez que vous connaitrez le bonheur dans votre famille et vous serez, dorénavant, en mesure de dire avec puissance « **Moi et ma maison,** nous servirons l'Éternel ».

BIBLIOGRAPHIE

La Bible du Semeur

La Bible Thompson

La Sainte Bible avec les commentaires de John MacArthur

La Sainte Bible Esprit et Vie

La Sainte Bible Scofield

Henri VIAUD-MURAT La famille chrétienne selon la Bible

Brian et Cara CROFT La famille du pasteur

H. WITS La famille selon le plan de Dieu

Peterson OMOJA ABU Le bon choix pour le mariage

Rex JACKSON Le mariage et le foyer chrétien